L'ÉDUCATION

ÉLÉMENTS

DE

LANGUE ALLEMANDE

A L'USAGE DES PERSONNES QUI NE PEUVENT SUIVRE LES COURS D'UN PROFESSEUR

PAR

Ch. FEUILLIÉ

Professeur agrégé au Lycée Janson-de-Sailly

PARIS

LIBRAIRIE DES PUBLICATIONS MODERNES

1891

ÉLÉMENTS
DE
LANGUE ALLEMANDE

PRÉFACE

Ce cours d'allemand est fait pour les nombreuses personnes qui ne peuvent assister aux leçons d'un professeur. Ce n'est pas une véritable grammaire; celle-ci formule les règles dans une phrase simple, courte, précise, où chaque mot est pesé d'avance.

Devant remplacer, dans la mesure du possible, les leçons orales par des explications écrites, nous avons imité ce que fait un professeur dans sa classe; nous commentons les règles; nous exposons longuement les raisons qui les expliquent et les éclairent, nous évitons les formules arides qui déconcerteraient et décourageraient les personnes qui travaillent seules. A l'explication des règles nous avons joint des exercices où ces règles doivent être appliquées. Nous n'avons pas fait non plus ce que l'on est convenu d'appeler une *méthode d'allemand*. Une méthode a surtout pour but de fournir au professeur les matériaux sur lesquels s'exerce son enseignement oral; elle demande un commentaire incessant qui la complète, qui la vivifie.

Pour rester toujours clair, nous avons laissé de côté beaucoup d'exceptions qui rendent longue et pénible la connaissance approfondie de la langue allemande. Nous donnons seulement les règles les plus générales, nous indiquons une route droite, plane, facile à reconnaître et facile à suivre. Ceux qui nous feront l'honneur de nous lire pourront apprendre à comprendre les textes, à exprimer correctement leur pensée en allemand. C'est le seul résultat que nous puissions ambitionner.

Première leçon.

ALPHABET ALLEMAND

L'alphabet allemand comprend vingt-six lettres, tandis que l'alphabet français n'en comprend que vingt-cinq. Les caractères allemands ont quelque chose de plus anguleux que les caractères romains dont nous nous servons, ainsi que presque tous les peuples européens. Ils ressemblent beaucoup à l'écriture gothique que l'on enseignait autrefois dans nos écoles. Les lettres allemandes portent presque toutes le même nom que les lettres françaises correspondantes. Nous nous abstiendrons donc d'indiquer les noms qui sont identiques dans les deux langues, et nous ne citerons que les dénominations qui sont différentes.

Majuscules.	Minuscules.	Nom que porte la lettre en allemand.
𝔄 — A	𝔞 — a	
𝔅 — B	𝔟 — b	
ℭ — C	𝔠 — c	*tsé*
𝔇 — D	𝔡 — d	
𝔈 — E	𝔢 — e	
𝔉 — F	𝔣 — f	
𝔊 — G	𝔤 — g	*gué*
ℌ — H	𝔥 — h	*hâ* (aspiration)
ℑ — I	𝔦 — i	
ℑ — J	𝔧 — j	*iotte*
𝔎 — K	𝔨 — k	
𝔏 — L	𝔩 — l	
𝔐 — M	𝔪 — m	
𝔑 — N	𝔫 — n	
𝔒 — O	𝔬 — o	
𝔓 — P	𝔭 — p	
𝔔 — Q	𝔮 — q	*koû*
ℜ — R	𝔯 — r	
𝔖 — S	ſ 𝔰 — s	
𝔗 — T	𝔱 — t	
𝔘 — U	𝔲 — u	*oû*
𝔙 — V	𝔳 — v	*fao* ou *faou*

𝔚	—	W	𝔴	—	w	*vé*
𝔛	—	X	𝔵	—	x	*iks*
𝔜	—	Y	𝔶	—	y	*ipsilonne*
ℨ	—	Z	𝔷	—	z	*tsette*

Il faut remarquer que le 𝔙 (*fao*) ne correspond pas à la lettre française **V**. Dans les livres allemands imprimés en caractères romains, on remplace le *fao* par un **V**, mais la prononciation en est différente, comme nous le verrons. Nous n'avons pas de **W** dans les mots purement français. Cette dernière lettre porte donc à vingt-six le nombre des lettres de l'alphabet allemand.

Certaines lettres majuscules et minuscules ont entre elles une grande ressemblance; il faut les examiner toutes avec attention et se garder de confondre :

Majuscules allemandes					Minuscules allemandes				
𝔅	*bé*	avec	𝔙	*fao*	𝔟	*bé*	avec	𝔥	*hâ*
ℭ	*tsé*	avec	𝔈	*é*	𝔠	*tsé*	avec	𝔢	*é*
ℭ	*tsé*	avec	𝔊	*gué*	𝔥	*hâ*	avec	𝔶	*ipsilonne*
𝔈	*é*	avec	𝔊	*gué*	𝔨	*kâ*	avec	𝔩	*elle*
𝔐	*emme*	avec	𝔚	*vé*	𝔵	*iks*	avec	𝔯	*erre*
𝔑	*enne*	avec	ℜ	*err*	𝔫	*enne*	avec	𝔲	*ou*
𝔖	*esse*	avec	𝔊	*gué*	ſ	*esse*	avec	𝔣	*effe*

Il faut ajouter aux lettres qui précèdent :

1° Les voyelles adoucies ä, ö, ü.

Le signe ¨ qui surmonte ces voyelles s'appelle *adoucissement* ou *inflexion*. Comme nous le verrons plus loin, il modifie la prononciation.

2° Quelques lettres doubles qui sont d'un usage très fréquent. Ce sont :

𝔠𝔥 *tséhâ*	𝔠𝔨 *tsékâ*	𝔭𝔥 *péhâ*
ß *esstsette*	𝔱𝔷 *tétsette*	ſ𝔠𝔥 *esstséhâ*

Remarque. — Pour les majuscules 𝔄, 𝔒, 𝔘, on indique souvent l'inflexion par l'addition de la voyelle 𝔢. Ex. :

𝔄𝔢 pour 𝔄̈ 𝔒𝔢 pour 𝔒̈ 𝔘𝔢 pour 𝔘̈

La nouvelle orthographe allemande importée dans les écoles prussiennes exigerait que l'on ne fît plus de différence entre les majuscules et les minuscules, et que l'on imprimât 𝔄̈, 𝔒̈, 𝔘̈.

Exercice de Lecture.

Epelez les mots suivants, en examinant attentivement les différences qui séparent les lettres :

Ne pas confondre :

B et V	das Bier avec Vier. — Epelez das Blei, das Vließ. das Beilchen, das Veilchen.
E et C et G	das Eisen, der Eid, der Cid (le *Cid*), die Eier, die Geier, die Eidergans, der Eider.
M et W	der Mond, die Wonne, die Mauer, die Wand, die Mandel, der Wandel, der Muth, die Wuth.
N et R	die Nudel, das Rudel, die Nuß, der Ruß, der Nutzen, die Russen, die Ruhe, die Rübe, et les suivants : der Nachen, der Rachen.
S et G	der Sang, der Gang, der Sasse, die Gasse.
b et h et autres minuscules	Verleihen, einverleiben, sehen, seyd, der Rücken, die Lection, die Lehre, das Leben, das Lehen, der Carcer, der Cacao.
f et ſ	Saufen, ſaufen, finden, ſingen, u. ſ. w.

Prononciation des voyelles.

VOYELLES

Les voyelles sont tantôt longues, tantôt brèves, suivant la position qu'elles occupent; une voyelle est généralement longue quand elle est suivie d'une seule consonne, et brève quand elle est suivie de plusieurs consonnes appartenant à la même syllabe; elle est toujours brève devant une consonne redoublée, et toujours longue si elle est suivie de la lettre h non aspirée. Examinons les voyelles en donnant chaque fois des exemples :

Les voyelles sont a, e, i, o, u, et la lettre grecque y (*ipsilonne*).

Il faut ajouter aux voyelles simples les voyelles adoucies ä, ö, ü et les diphtongues ai, au, äu, eu, ei, ey, ie.

A

Cette voyelle a le même son qu'en français; elle est tantôt longue, tantôt brève.

a est long dans les mots suivants : das Bad, der Rabe, der Vater, die Strafe, das Rad; l'a n'est suivi que d'une seule consonne.

a est bref dans les syllabes suivantes : der Ball, der Wald, der Gatte, die Mappe, die Tatze, die Tasche, die Flasche, où il est suivi de plusieurs consonnes ou d'une consonne redoublée.

a sera long dans les mots : rathen, mahlen, nahen, die Wahl, où la lettre h n'est pas aspirée.

Aa

Aa se prononce comme a long. Ex. : der Aal (prononcez der *âl*), der Saal, der Staat.

E

e est long ou bref dans les mêmes cas que a. Il faut cependant remarquer une légère différence dans la prononciation, suivant que la syllabe est longue ou brève. e long se prononce comme *é* fermé en français. Ex. :

Leben, weben (prononcez) *lébenn, vébenn*), die Rede, heben, selig.

e bref se prononce à peu près comme *è* ouvert en français. Ex. :

Das Bett, der Keller, retten, werfen, fett, die Welle, jetzt.

e à la fin d'un mot n'est jamais complètement muet; il se prononce comme *eu* très bref. Ex. :

Der Knabe (prononcez *Knâbeu*). Prononcez de même : die Güte, die Blume, die Tante, eine.

e placé devant une consonne finale l, n, r, faisant partie du mot ou de sa terminaison, devient presque muet. Ex. :

Der Vogel (prononcez *Fôg'l*).

Die Knaben (prononcez *Knâb'n*).

Der Maler (prononcez *Mâlre*).

On arrive à prononcer correctement les syllabes finales terminées par en, en fermant presque hermétiquement la bouche au moment où on les prononce; le son en se trouve refoulé vers les fosses nasales; pour les finales el, er, l'application de la langue contre le palais arrête le passage de l'air et permet d'obtenir la prononciation exacte.

ee se prononce comme e long et non pas comme deux e. Ex. :

Der Kaffee, das Beet, der Klee, der Thee.

I

i se prononce en allemand comme en français; on trouve peu d'exemples d'i long, parce que i long devient très souvent ie, qui se prononce *i*. Ex. :

Mir (long), dir (long), die Mine, der Tiger.

Il est bref dans les suivants :

Die Bitte (i bref), die Ritter, sitzen, die Birne, der Firniß, et pour les raisons que nous avons vues plus haut.

O

o a le même son qu'en français; il est long dans les mots suivants et autres analogues :

Das Lob, der Tod, die Mode, der Hof, der Hobel, etc., roth, der Mohn, der Mohr, der Rath,

et bref dans les suivants :

Die Scholle, hoffen, der Rock, der Stock, die Rolle, die Ratte ou Ratze.

Oo se prononce comme o long. Ex. :

Das Moos, das Loos, das Moor.

U

u se prononce ou. Lire les mots suivants, en se rappelant les règles générales :

Die Flur, die Fluth, die Blume, lud, die Muse, klug, der Ruhm, die Muhme, die Wuth, die Mutter, der Fuchs, der Bund, der Mund, die Luft, murren, das Muster.

Y

y se prononce comme i qu'il remplace quelquefois : seyd, sie seyen (on écrit mieux seid, sie seien.

Il se trouve comme voyelle simple dans les mots étrangers. Ex. :

Sibylle, Cypresse, lyrisch, das Symbol, der Tyrann.

Voyelles infléchies ä, ö, ü.

L'inflexion change complètement la prononciation des trois voyelles fortes a, o, u.

Ä

ä se prononce comme *è* ouvert; lire les mots suivants : Der Stamm (voyelle forte) die Stämme, die Stadt, die Städte, mäßig, die Stärke, der Säbel, die Wälder.

Ö

ö se prononce *eu. Exemple :* Der Stock die Stöcke, des Hof die Höfe, der Gott, die Götter, Göthe, öffnen.

Ü

ü se prononce comme l'*u* français; prononcez der Fuß, die Füße, der Fuchs, die Füchse, die Stütze, flüchtig, rühren, müssen.

Dans certaines parties de l'Allemagne, l'ü se prononce presque comme i.

Deuxième leçon.

Prononciation des diphtongues.

On appelle *diphtongues* la réunion de deux voyelles qui forment un son double, mais se prononcent d'une seule émission de voix, et ne doivent être comptées que comme une seule syllabe. Ce sont : au, äu, eu, ai, ei, ey, ie.

Au

au se prononce comme en français *aou*, mais en se gardant bien de séparer *a* et *ou* dans la prononciation. *Exemple :* Der Baum (une syllabe), der Raum, taufen, laufen, faul.

Äu et Eu

La voyelle ä (infléchie) a la même prononciation que la voyelle e. On écrit même indifféremment die Ältern ou die Eltern. Les deux diphtongues äu et eu sont identiques. Leur prononciation est intermédiaire entre celle des deux lettres *oï* (tréma) dans *oïdium*, et celle du mot *œil;* on aura soin en prononçant de ne pas séparer l'*o* de l'*i* :

Die Bäume (prononcez *Boïmeu*), die Zäume (prononcez *tsoïmeu*), säuseln, säumen, die Mäuse, die Kräuter, die Räume; de même der Freund, der Beutel, die Freude, der Teufel, heute, neu, die Leute.

Ai et Ei (ey)

ai et ei se prononce comme *aï* (tréma).

Exemple : Der Mai (*maï*), die Saite, die Waise, der Rain, der Hain, der Laib.

De même : Der Meier, die Seite, die Weise, rein, Heine, der Leib.

y (*ipsilonne*) ayant le son de i, la syllabe ey aura la même prononciation que ei et ai; elle tend à disparaître et a un caractère archaïque. Mais on rencontre encore :

Sey pour sei, seyd pour seid, die Heyde pour Heide, etc.

ie

L'e placé après l'i ne se prononce pas, mais la syllabe est toujours longue. Prononcez : die Biene, die Fliege, die Zierde, die Begierde. Cependant, la terminaison ie se prononce en deux syllabes détachées (*i-eu*) dans les mots d'origine étrangère (latine surtout), où elle remplace d'anciennes terminaisons en *ia*, *ii*, comme dans les mots suivants :

Die Familie, die Lilie, die Capitalien, die Gymnasien, die Studien.

Pour les mêmes raisons on prononce les mots suivants : Asien (*asi-enne*), Italien, Spanien, Belgien, Gallien; on dit même der Spanier (*ni-eur*), der Belgier, der Gallier.

Prononciation des consonnes simples et composées.

B

B se prononce comme le *b* français; à la fin d'une syllabe, il se rapproche du *p*, Ex. :

Ab, ob, Trab (prononcez *ap*, *op*, *Tràp*).

C

C au commencement d'une syllabe ou d'un mot et devant une des voyelles e, i, y, ä, se prononce comme *ts*. Ex. :

Die Ceder (*tséd'r*), die Cigarre. (*tsigarreu*) die Cypresse, Cäsar, Cicero, die Citrone.

Mais devant une des voyelles fortes a, o, u, ou devant une consonne, il se prononce comme *k*. Ex. :

Cato, das Cap, die Caserne.

Il est alors souvent remplacé par k : on écrit aussi bien : die Lection ou die Lektion, das Capital ou Kapital, der Calender ou Kalender.

ck (*tsékà*) se prononce comme k bref. Ex. :

Der Sack, der Stock, die Decke.

Remarque : ne pas confondre ck avec d.

ch (*tséhà*). Ces deux consonnes réunies se rencontrent très fréquemment dans les mots allemands. Leur prononciation varie suivant les lettres qui les précèdent ou qui les suivent.

Ch placé au commencement d'un mot, devant une voyelle forte ou devant une consonne se prononce comme K. *Exemple :* Charakter, Chor, Christ, Chronik. — ch dans l'intérieur des mots peut être précédé :

1° D'une voyelle forte a, o, u ou de la diphtongue au.

2° D'une voyelle faible ou adoucie e, i, ä, ö, ü, ou d'une des diphtongues äu, eu, ai, ei.

Examinons d'abord le premier cas. Les syllabes ach, och, uch, auch ont une prononciation dont rien en français ne peut donner une idée précise; c'est un son guttural rappelant des sons analogues en espagnol, en arabe; il faut l'avoir entendu au moins une fois; nous conseillons donc à nos lecteurs de chercher parmi leurs connaissances une personne qui puisse prononcer devant elles les exemples que nous allons donner.

Lire les mots suivants : der Bach, das Dach, das Loch, das Buch, der Bauch, brach, brachte, dachte, sprach, wachen, die Rache, sachte, etc.

Deuxième cas. — Ech, ich, äch, öch, üch, etc. Si au contraire le ch est précédé d'une voyelle faible ou infléchie ou bien d'une des diphtongues äu, eu, ai, ei il faut immédiatement après avoir prononcé la voyelle ou la diphtongue faire entendre un sifflement particulier que l'on obtient en appuyant légèrement l'extrémité de la langue contre les dents *antérieures* de la mâchoire *inférieure* et en ouvrant très peu la bouche; nous n'avons rien en français qui puisse en donner une idée, et nous ne pouvons que répéter notre conseil : faites prononcer devant vous les mots suivants :

Ich, die Kirche, stechen, das Pech, die Bäche, die Locher, die Bücher, die Bäuche, die Seuche, die Leiche, das Reich, die Rechnung.

Sch. — Si ch est précédé de la consonne s, la prononciation est la même que celle du français *ch* dans chemin, chapeau. Lisez die Kirsche, waschen, die Wäsche, der Busch, die Büsche.

chs. — Si au contraire la lettre s (ou s) suit le ch, ces trois lettres se prononcent comme *x* en français. *Exemple :* wachsen (*vaxenne*), die Büchse, der Fuchs, der Lachs.

Récapitulation : Prononcez les mots suivants : wachen, waschen, der Wächter, die Kirsche, die Kirche, der Busch, die Büsche, die Büchse das Buch, die Bücher, die Rache, rächen, recht, der Bauch, die Bäuche, der Schlauch, die Schläuche, der Buchsbaum.

Das Buch fait au génitif des Buchs; le ch se prononce ici comme dans Buch parce que s est une terminaison et ne fait pas partie du radical.

D

D se prononce partout comme en français; mais il se rapproche du *t* à la fin des mots. *Exemple :* das Bad, das Brod qui s'écrit aussi Brot (lisez : *bât-e*, *Brôt-e*).

F, K, L, M, N, P, R, Z.

Toutes ces consonnes se prononcent en allemand comme en français.

G

G Au commencement d'une syllabe se prononce comme dans le français : *gai*, *gant*. *Exemple :* geben (*guéb'n*), Gott, Geist, Geographie, Georg.

G précédé d'une voyelle forte a, o, u ou de la diphtongue au se prononce comme ch très adouci, avec un très léger râlement guttural. *Exemple :* der Tag, log, Trug, taugt.

De même, g précédé d'une voyelle faible ou d'une des consonnes l, r, se prononce comme ch adouci. Ex. :

Artig (artich), ruhig, Essig, die Berge, die Zwerge, flüchtig, richtig, borgen, Morgen, Talg, schwelgen, die Flügel, der Balg, etc.

Remarque. — Dans le Sud de l'Allemagne, le g se prononce partout *gue;* on dit donc der Tag (*Tâgue*), Le son du g se rapproche même du c ou du k: artig (*artik*), der Berg (*Berk*). le mot lustig a donné notre mot *loustic*.

H

La lettre h est aspirée au commencement d'une syllabe; le mot *aspirée* ne donne pas une idée exacte de la façon dont cette lettre doit être prononcée; il faut, au contraire, *émettre* un souffle, faire sortir l'air de la poitrine; nous recommandons encore de faire prononcer les mots suivants: Haben, heben, Hobel, Hieb, Hauch, ich hatte gehabt, heute, hundert, Heuchler, Heide, heim, hin, her, hinter, herab.

Si h n'est pas au commencement d'une syllabe, il ne se prononce pas, et la syllabe devient longue. Ex. :

Der Ahn, der Strahl, die Bahn, stehlen. Mühle..

J

Le j (*iotte*) se prononce comme i; à remarquer cependant la prononciation de je, jemand, jemals, jeder (*ié*, *iémand*), tandis qu'on prononce nie, niemals (*ni*).

Q

Q est toujours suivi du u (qu) et ces deux lettres se prnoncent *kv* ou *kou*. Ex. :

Die Quelle (prononcez *kvellé* ou *kouellé*), die Qual, quer, Quinta. (*kouinnta*)

S

S au commencement d'un mot a un son intermédiaire entre l'*s* et le *z* français. Ex. :

Der Sohn (prononcez *sône* ou *zône*), der Säbel, der Same, die Sünde, die Sonne.

S est dur à la fin d'une syllabe. Ex. :

Das, was, das Glas, der Fels.

St, Sp.

St, sp au commencement d'un mot se prononcent comme schp (*chp*), scht (*cht*). Ex. :

Der Stein (*chtaïne*), sprechen (*chprech'n*), streben, Strand, strafen, Staat, Strahl, Spur, spenden, stellen.

ß

ß équivaut à deux *ss* et se prononce de même. La syllabe est longue ou brève, suivant les cas. Ex. :

Der Fuß (*foûss*), ich muß, die Nuß, das Maß, müßig, mäßig.

V

v a le son de *f*. Ex. :

Der Vater, der Vetter, vier, vor, von.

W

W a toujours la même prononciation que la consonne *v* en français. Ex. :

Die Wand, der Wurm, die Wette, wählen, wühlen, Wörter, warum, wissen.

Z (*tsette*).

Z se prononce *ts* très dur. Ex. :

Die Zeit (*tsaïtte*), Zofe (*tsôfé*), Zunft, zählen, Zabern.

Troisième leçon.

Prononciation de quelques syllabes

An, in, un, etc.

La langue française a un grand nombre de syllabes nasales qui lui sont particulières. Ex. :

*An*toine, *en*trer, *in*fortuné, *im*possible, *em*pêcher, *lin*guistique, *lan*gue.

Les étrangers éprouvent de grandes difficultés à les prononcer et n'y réussissent presque jamais d'une façon absolument complète. Cela prouve qu'il n'existe pas de syllabes semblables dans les langues étrangères et en particulier dans la langue allemande, qui n'a pas de son nasal identique.

Les voyelles a, e, i, o, u se détachent nettement de la lettre n, même quand celle-ci est seule après elles; ainsi on dit; an (*ann*), in (*inn*), en (*enn*), on (*onn*), un (*ounn*).

Il sera donc très utile de s'exercer à prononcer les mots suivants :

Das Band, das Ende, Indien, infam (*innfâm*), der Andre, der Mond, der Mund, der Onkel, der Ungar, unendlich et autres mots; pour die Sonne, die Wonne, où la lettre n est redoublée, la prononciation de la syllabe onn est la même qu'en français, dans les mots : sonner, Yvonne, etc.

Am, im, em, um, etc.

La même règle s'applique à la consonne m placée après une voyelle. On dit : am (*amm*), im (*imm*), um (*oumm*), vom (*fomm*). Prononcez : der Imbiß, der Impetrant, Impfen, der Amboß, das Amt, die Amsel, empor, empfehlen.

Dans les mots : die Amme, immer, hemmen, fromm, la prononciation est à peu près la même que dans les syllabes françaises analogues : immérité, somme, pomme, immoral. Toutefois, en allemand, on ne fait pas sentir la présence des deux *m*. Une consonne double rend la syllabe brève.

Aun, ain, ein, ien, eun.

Il faut conserver à chacune de ces diphtongues la prononciation qui lui est propre et détacher l'n. Ex. :

Der Zaun, der Hain, ein, Heine, die Biene, der Freund.

Il eût été inutile de citer ces diphtongues suivies de n, si elles ne correspondaient pas à des syllabes françaises qui, composées des mêmes lettres, se prononcent d'une façon toute différente. Comparer les mots : la haine et der Hain, le pain, die Pein, vain et Wein, etc.

Ang, ing, eng, ung.

Il est impossible de donner une idée bien précise de la façon dont ces syllabes doivent être prononcées; le g, suivant les syllabes an, in, etc., a une prononciation particulière et différente de celles que nous avons déjà indiquées. Les deux sons n et g se fondent en un son intermédiaire qui n'est ni n ni g. Prenons le mot singen; il ne faudra pas dire : *sinn-guenne*, mais on ne pourra pas non plus prononcer *sinn-ienne*. Il faut chercher un son intermédiaire, quelque chose qui se rapproche des consonnes françaises *gn* dans les mots : *régner, peigner, saigner;* mais le son n'est pas absolument identique. Faites prononcer devant vous les mots suivants : der Gesang, die Gesänge, sengen, singen, ringen, zwingen, der Schwung, klingen geklungen, gesungen, der Engel, die Angel, der Anger, eng, etc.

En terminant ces explications sur la prononciation des voyelles et des consonnes, nous ne pouvons que répéter encore une fois le conseil que nous avons déjà donné ; il faut chercher l'occasion de faire prononcer devant soi les syllabes dont l'équivalent ne se trouve pas en français. Les difficultés sont au nombre de trois principales :

1° Le ch guttural, précédé d'une voyelle forte ;

2° Le ch (et le g) dental, précédés d'une voyelle faible ;

3° Les deux lettres ng, précédées d'une voyelle quelconque.

Pour toutes les autres lettres, nos indications suffisent, et toute personne qui les aura lues avec les exemples cités pourra, dès aujourd'hui, prendre un texte allemand et lire en épelant. On saura bien vite écrire au moyen du modèle d'écriture que nous donnons plus loin ; il sera bon de multiplier les exercices, afin d'écrire couramment les lettres majuscules et minuscules. Nous conseillons dès maintenant aux personnes qui suivent notre cours de s'exercer à écrire les mots déjà cités comme exemples pour la prononciation ; en faisant marcher de front les exercices d'écriture et de lecture, elles seront plus vite à même d'aborder l'étude de la grammaire et les exercices de traduction.

ÉCRITURE ALLEMANDE

MAJUSCULES

allemandes françaises allemandes françaises allemandes françaises

Presque toutes ces majuscules diffèrent, comme on le voit, des lettres correspondantes du français; il est indispensable de s'exercer souvent et longtemps à les écrire couramment, car on en a constamment besoin, tous les *substantifs allemands s'écrivant avec une lettre majuscule.*

MINUSCULES

allem.	françaises	allem	françaises	allem.	françaises
a	*a*	*j*	*j*	*ſ*, *s* (final)	*s*
b	*b*	*k*	*k*	*t*	*t*
c	*c*	*l*	*l*	*ŭ*	*u*
d	*d*	*m*	*m*	*v*	*v*
e	*e*	*n*	*n*	*w*	*w*
f	*f*	*o*	*o*	*x*	*x*
g	*g*	*p*	*p*	*y*	*y*
h	*h*	*q*	*q*	*z*	*z*
i	*i*	*r*	*r*		

Nous avons donné en regard des minuscules les lettres françaises, afin qu'on puisse bien remarquer les différences entre les deux écritures; un examen attentif suffirait, mais il est bon d'appeler l'attention sur les points les plus importants.

Pour toutes les lettres dont nous ne parlerons pas, l'étude du modèle doit suffire.

On a pu voir que toutes les liaisons se font à angle aigu par déliés rectilignes, tandis que le français arrondit tous les angles et fait les liaisons par des lignes courbes.

Ex. : *c* et *c* — *d* et *d* — *m* et *m*, etc. , etc.

A a G g J j diffèrent des mêmes lettres françaises en ce que les deux parties de ces lettres ne se touchent pas et sont reliées par des boucles.

Les deux lettres les plus simples sont le *e* et l' *i* qui ne se distingue du *e* que par un point. Le signe *e* (un plein et deux déliés parallèles qui coupent le plein à angles aigus) se retrouve dans plusieurs autres lettres, deux fois dans les lettres *n, a, u, n* *ü, u*, et trois fois dans *m, m*. Ces lettres étant d'un usage très fréquent, et se trouvant très souvent les unes à côté des autres, il importe de les bien distinguer entre elles, sans quoi l'écriture allemande deviendrait presque illisible.

Il faut rapprocher les deux pleins de *n*, de façon que cette lettre ait à peu près la moitié de la largeur de l'*m* et de l'*u*; de plus, le délié qui unit les deux pleins part de la partie supérieure du premier plein *n n n n*.

Il ne faut jamais oublier de mettre sur l'*u* le signe ˘ ou bien le signe ¨ quand cette voyelle est infléchie *ü*.

Ex. : *nu, nŭ, nun, ŭn, nü, müde*.

Les différentes lettres d'un mot doivent être séparées par un délié plus allongé.

Ex. : *un, nennen, ŭnser, nŭr, [illegible], [illegible]*.

Remarquez que le dernier mot *[illegible]* étant exclusivement composé de pleins et de déliés serait illisible si l'on n'avait tenu compte des conseils donnés plus haut.

MODÈLE D'ÉCRITURE

Man sollte nicht glauben daß
ein Mensch, der auf leichtfertigen
Wegen sein Glück sucht, mit
lauter Gewinnen immer verlieren
und zuletzt um Habe und Vermögen
dabei kommen kann. Aber die Sache
hat Grund. Man erzählt, daß ein
Mensch einen Bund mit dem
bösen Geist gemacht habe. Der
Mann wohnte an einem Fluß,
und der Böse versprach ihm:
alles baare Geld, das er habe,
zu verdoppeln, wenn er damit

über die Brücke gehe; und verlange nichts dafür, als daß er ein zwanzig Kreuzerstück davon ins Wasser werfe, wenn er über die Brücke zurückgehe und das dürfe er wiederholen, so oft er wolle. Der einfältige schlägt mit Freuden ein, sucht alles baare Geld im Hause, macht die erste Probe, und diesmal scheint der Teufel ehrlich zu sein.

Quatrième leçon.

ACCENT TONIQUE

Après avoir examiné en détail les lettres qui entrent dans la composition des mots, la *prononciation* des différentes syllabes, leur *quantité* propre, il nous reste à indiquer les rapports de ces syllabes entre elles, leur valeur particulière à côté des autres syllabes d'un mot; il nous reste enfin à déterminer le degré de force avec lequel il faut les faire entendre. Faire sentir cette valeur relative des parties d'un mot, c'est ce qu'on appelle *accentuer* ou mettre l'*accent tonique*.

Notre langue ne peut donner qu'une idée vague de la nature de l'accent tonique dans la plupart des autres langues, et dans la langue allemande en particulier. En français, la *dernière* syllabe prononcée est celle sur laquelle la voix s'élève. C'est l'*avant-dernière* qui porte l'accent quand la dernière est muette. Dans les mots suivants : leç*on*, prépara*tion*, gradu*é*, traducti*on*, versi*on*, ce sont les dernières syllabes qui sont accentuées. Dans les suivants : gramm*ai*re, diction*nai*re, biblioth*è*que, l*i*vre, ch*ai*se, c'est l'avant-dernière syllabe qui est accentuée; l'*e* muet ne se prononçant pas, c'est réellement la dernière syllabe prononcée que la voix doit faire entendre.

Les règles de l'accentuation en allemand reposent sur des principes complètement différents. Ce n'est pas la *place* d'une syllabe qui influe sur sa prononciation et lui donne ou non l'accent tonique, c'est son *importance* dans le mot où elle se trouve. Or, cette syllabe accentuée doit être naturellement celle qui renferme le sens même du mot, c'est la syllabe *radicale*. Les terminaisons ne sont, pour ainsi-dire, que les auxiliaires variables du radical. Elles viennent se grouper près de lui comme des soldats auprès d'un chef; mais elles ne jouent qu'un rôle secondaire et s'effacent devant le radical qui porte avec lui l'âme du mot, l'accent.

Il faudra donc réagir contre l'habitude invétérée (je dirais presque invincible) qu'a tout Français de reporter l'effort de sa voix sur la dernière syllabe des mots ; il faut avancer lentement, prononcer mot par mot, puis deux ou trois mots de suite, puis enfin, après de longs efforts, prononcer résolument une phrase entière, et renouveler souvent cet exercice, car le penchant à accentuer la dernière syllabe des mots n'est jamais complètement vaincu.

Outre l'accent particulier à chaque mot, il y a dans une succession de mots, dans une phrase, des parties d'importance variable. Il faudra donc accentuer plus fortement les uns, moins fortement les autres. C'est ce qu'on appelle l'*accent oratoire*, qui ne met pas sur un même plan tous les mots, mais qui leur donne un relief proportionné à leur valeur.

Tout ce qui précède sur l'accent tonique peut être enseigné par écrit, indiqué par signes compréhensibles. Cela fait partie d'un cours de grammaire.

Mais il est un autre accent qui ne peut s'apprendre que par l'enseignement oral; je l'appellerais volontiers accent *musical*, car il y a une grande analogie entre la phrase grammaticale et la phrase musicale.

Parler, c'est presque chanter. Notre voix ne produit pas simplement ce qu'en physique on appelle un *bruit*, c'est-à-dire un son mat, sans durée, sans résonances, sans vibrations; si l'on peut distinguer une certaine différence entre parler et chanter, elle réside seulement dans le nombre, la variété et la sonorité des paroles. Le langage parlé est plus uniforme, il dispose de quelques notes seulement, toujours les mêmes et séparées par les mêmes intervalles; mais il est bien certain que parler, c'est déjà chanter. On chantait chez les Romains en prononçant un discours, et un tribun célèbre se vit un jour empêché de continuer sa harangue, parce qu'il avait perdu la note; il détonait; aujourd'hui on voit bien des orateurs perdre le fil de leurs discours, mais ils n'ont plus recours à un joueur de flûte pour retrouver le ton; nous chantons moins que les anciens, moins que le prêtre qui récite l'Évangile, mais nous chantons, et la civilisation moderne n'a pas encore fait disparaître toute musique du langage. Ceux qui ont voyagé savent que cette musique varie en France, de province à province, et même de village à village. Les mots sont les mêmes partout; ce qui diffère, c'est, outre la prononciation particulière de certaines lettres et de certaines syllabes, l'intonation première, et l'intonation générale de toute la phrase, ce sont les intervalles d'une note à une autre, de la syllabe accentuée à celle qui ne l'est pas. Voilà ce qui permet de distinguer à l'*accent* un Marseillais d'un Lyonnais, un Champenois d'un Bourguignon. S'il y a des différences si tranchées entre les enfants d'une même famille, les habitants d'un pays comme la France, où l'unité règne depuis plusieurs siècles, à plus forte raison ces différences s'accentueront-elles en passant d'un peuple à un autre. N'arrive-t-il pas chaque jour que nous reconnaissons la nationalité d'une personne à un seul mot français prononcé par elle, à une inflexion de voix? C'est que ces personnes, si purement, si correctement qu'elles parlent le français, n'ont pas voulu, ou bien n'ont pas pu se débarrasser de leur façon particulière de moduler une phrase; on dit qu'elles ont un *accent* étranger, et c'est grâce à cet accent que nous reconnaissons les Allemands et les Italiens et que nous confondrions difficilement un Anglais avec un Belge. Le Français, lui aussi, se fait remarquer des étrangers par un accent particulier. Il lui faut un travail opiniâtre, persévérant, prolongé, pour apprendre à moduler une phrase allemande comme les Allemands; il faut qu'il vive avec eux, qu'il les écoute parler, qu'il habitue insensiblement son oreille au intonations nouvelles; sa voix finit plus tard par répéter machinalement ce qu'a retenu son oreille.

Mais pour être *compris*, il n'est pas nécessaire d'atteindre à cette perfection; il suffit de prononcer *correctement* chacun des mots de la phrase et de faire ressortir les mots les plus importants, et c'est le but que nous voudrions voir poursuivre par ceux qui nous lisent.

Remarque. — Au moment de commencer les exercices de lecture, nous tenons à prévenir le lecteur contre une erreur très commune; on croit souvent qu'une syllabe *accentuée* doit être longue : or l'accent n'influe en aucune manière sur la *longueur* et la *brièveté* d'une syllabe;

accentuer c'est *élever* la voix et non *prolonger* le son. Prenons quelques exemples :

Der Stahl (syllabe longue) Der Stall (syllabe brève) accentuées toutes deux,

Lisez de même :

Der Rath	(syllabe longue)	Die Ratte	(syllabe brève)	
Der Hof	—	Die Hoffnung	—	
Die Höhle	—	Die Hölle	—	
Das Maß	—	Die Masse	—	
Die Rose	—	Die Ross	—	u. s. w.

Toute voyelle accentuée sera surmontée du signe — si elle est longue, avec le signe ᵕ si elle est brève. S'il se rencontre deux accents dans un même mot, c'est le premier mot qui a l'accent principal. Les mots qui ne portent ni le signe — des longues, ni le signe ᵕ des brèves ne doivent pas être accentués et la voix doit glisser rapidement sur eux. Nous indiquerons rarement l'accent des monosyllabes, articles, temps du verbe auxiliaire être, conjonctions, prépositions, etc. ; ces petits mots sont toujours moins accentués que les substantifs ou les verbes ; en outre, les Français ont une tendance marquée à accentuer tous les mots, et même toutes les syllabes des mots, et l'on est plus souvent obligé de leur recommander de ne pas accentuer telle ou telle syllabe que d'accentuer telle ou telle autre.

Exercice de prononciation.

Ein Rechnungsexempel	La syllabe Rech, brève, est la plus fortement accentuée. La syllabe emp n'a qu'un accent secondaire ; elle est brève. Pour ch se rappeler ce que nous avons dit des syllabes ech, ich, etc. Prononcez **re**ch*noungsexe***em***mp't*, il n'y a que deux syllabes saillantes ; le reste doit être pour ainsi dire murmuré.
Man sollte nicht	(*Mann* **zollen** *nicht*). Voir la prononciation des syllabes ich, ech, etc.

glauben daß ein	(*Glaoub'n dass aïn*); *aou* ne doit être compté que pour une syllabe.
Mensch, der auf	(*Mennsche* **dêr** *aouf*). Der est accentué ici quoique ce soit un monosyllabe, parce qu'il est pronom et qu'il existe un autre der, article, qui n'a pas d'accent,
leichtfertigen Wegen	(*laïchtferlij'n vej'n*). Rechercher la prononciation de ich, aich, etc., et celle des syllabes eg, ig, la diphtongue ei se prononce *aï*. Ce mot étant composé, on sait que l'accent principal doit être sur la première syllabe accentuée. Accentuez fortement leicht, moins fortement fer et glissez le plus légèrement que vous pourrez sur les autres syllabes.
sein Glück sucht	(*zaïn glück soucht*), Rechercher ce que nous avons dit de la prononciation des syllabes ach, och, uch, auch; c'est le fameux râlement palatal. dont l'équivalent n'existe pas en français.
mit lauter Gewinnen	(*mit* **laou***t'r guévinnenn*),
immer verlieren	(**im**'r *ferlir'n*). Se rappeler que toute consonne double rend brève la syllabe à laquelle elle appartient. On ne doit pas faire sentir les deux consonnes, exactement comme dans le mot *Hollande* que l'on nous a appris à prononcer *Holande*, Se rappeler que la syllabe ie est toujours longue et équivaut à *i*, du français l'e ne se prononce pas. Il serait trop long de passer en revue tous les cas qui peuvent se présenter. Pour la suite de cet exercice, nous renvoyons aux règles de prononciation données précédemment.

Nous allons continuer en donnant sous chaque mot allemand la prononciation figurée en caractères français, *autant que cela est possible*. Les syllabes accentuées seront marquées en français de lettres plus grosses. Le signe (') devant l'**n** et **r** remplace l'e allemand et indique qu'il faut, *autant que possible*, ne pas trop faire entendre cette voyelle e.

Nous figûrons la prononciation l'e final par les deux lettres françaises *eu;* il ne faut pas oublier que ce son est très faible, et qu'il doit à peine être entendu.

Exercice de prononciation. (*Suite.*)

und zuletzt um Habe und Vermögen dabei
ound tsouletst oum hâbeu ound Fermeujenn dabaï

kommen kann. Aber die Sache hat Grund.
kom'n cann. âbre *di Zacheu* (aspiration) *halt ground.*

Man erzählt daß ein Mensch der sich lieber im
Mann ertsêlt dass aïn mennch dêr zich lib'r imm

Müßiggang durch schlechte Mittel, als durch Fleiß
mûssijganng dourch schlechteu Mitt'l, als dourch Flaïss

und Arbeit ernähren wollte, einen Bund mit dem Bösen
ound Arbaït ernêr'n volleu, aïnen Bound mit dém Beûs'n

gemacht habe. Der Mann wohnte an einem Wasser,
guemacht (ach) *hâbeu* (h). *Dèr Mann* (c) *vônteu ann aïn'm Vass'r,*

und der Böse versprach ihm alles baare Geld das er
ound der Beûseu ferchprach (ach) *im alleuss bâreu Gueld dâs èr*

im Hause habe zu verdoppeln wenn er damit über die
imm Haouseu hâbeu tsou ferdopp'ln venn èr damitt ûb'r di

Brücke gehe, und verlange nichts dafür als daß er
Brûckeu guéeu ound ferlangueu nichts' dafûr als' dass èr

ein vier und zwanzig Kreuzerstück davon ins Wasser
aïn fir ound tsvântsij Kroïts'rchtûc dafonne inns Vass'r

werfe, wenn er damit über die Brücke zurückgehe, und das
verfeu, venn èr damitt ûber di Brukeu tsourûkguéeu, ound dâs

dürfe er wiederholen, so oft er wolle.
durfeu èr viderhôl'n, zo offt èr voleu.

Der Einfältige schlägt mit Freuden ein, sucht
Derr aïnfeltijeu (ig) *schlèjt* (ag) *mitte froïd'n aïn zoucht* (uch)

alles baare Geld im Hause zusammen, macht
all'ss bâreu Gueld imm Haouseu tsouzamm'n, macht

die erste Probe, und dießmal scheint der Teufel ehrlich zu
di êrsteu Prôbeu ound dismâl schaïnt derr Toif'l êrlich tsou

sein denn er hält Wort, und der Andere natürlicherweise
zaïn, denn err hellt Vort' ound derr Anndreu natûrlich'rvaïseu

auch.
aouch

Pour la suite de l'exercice de lecture, noue ne figurerons plus la prononciation avec des lettres françaises, et nous indiquerons seulement les syllabes accentuées longues et brèves.

Exercice de prononciation. (*Suite.*)

Wie oft und lange mag nun der Glückliche seinen Gang über die Brücke hin und her wiederholen? Dreimal in Allem. Denn als er zum drittenmal mit seiner verdoppelten Baarschaft zurückkehrte, und den ausbedungenen Brückenzoll ins Wasser warf, so hatte der Böse Feind sein Geld bis auf den letzten rothen Heller und der arme Betrogene ging leer nach Haus.

Wie groß mag denn nun die Baarschaft des betrogenen Mannes anfänglich gewesen sein, den wir dreimal über die Brücke gehen ließen? Antwort: ein und zwanzig Kreuzer. Denn als sie sich das erstemal verdoppelte, hatte er zwei und vierzig Kreuzer, und vier und zwanzig davon, bleiben achtzehn Kreuzer. Das zweite Mal sechs und dreißig und vier und zwanzig davon, bleiben zwölf Kreuzer. Das drittemal vier und zwanzig, und gerade soviel mußte er noch haben um dem listigen Feind Wort zu halten.

Relire *plusieurs fois* les différentes parties de cet exercice de lecture, après avoir revu avec soin les règles qui ont été données pour la prononciation des voyelles, des consonnes et des diphtongues. S'assurer que l'on possède bien toutes les règles, et que l'on n'est plus arrêté par aucune difficulté. Pour les consonnes dont la prononciation n'a rien d'équivalent en français (voir page 15), rechercher les personnes qui sachent les prononcer, et se rendre maître au plus vite de ces difficultés qui n'ont rien de sérieux, mais demandent un enseignement oral

Cinquième leçon

CONSIDÉRATIONS GÉNÉRALES SUR LES VERBES ALLEMANDS

En allemand, comme dans notre langue, il faut distinguer dans un verbe deux choses :

1° Le RADICAL, c'est-à-dire la partie du verbe qui contient en elle le sens, et qui exprime *l'état* dans lequel se trouve le sujet, ou *l'action* qu'il fait ;

2° Les TERMINAISONS, c'est-à-dire ce qui change suivant les *personnes* et les *temps*, ce qui est destiné à marquer les différents *moments* d'un état ou d'une action ; enfin, ce qui nous fait connaître quelle est *la personne* qui fait cette action ou subit cet état.

Une conjugaison, pour être complète et parfaite, devrait donc avoir des terminaisons différentes pour chacune des personnes d'un même temps : trois pour les personnes du singulier, trois pour celles du pluriel; et ces terminaisons varieraient à tous les temps du verbe.

Aucune langue n'atteint cet idéal; tous les verbes ont certaines terminaisons qui sont répétées plusieurs fois dans un même temps, et quelquefois à différents temps d'un même verbe. La conjugaison allemande est, comme les autres, loin d'être parfaite ; mais elle n'offre aucune difficulté sérieuse; en quelques heures, on peut apprendre à conjuguer un verbe *régulier* et, par lui, tous les autres verbes *réguliers* de la langue.

En effet, tous les verbes réguliers allemands suivent une seule et même conjugaison *régulière*. Un étranger qui apprend le français doit retenir quatre conjugaisons; en allemand, dès qu'on en sait une, on les sait toutes. Nous ne parlons pas, bien entendu, des verbes appelés quelquefois irréguliers; il s'en trouve en allemand un assez grand nombre: mais ils suivent, malgré leur irrégularité apparente, des règles véritables. Ce sont des formes grammaticales antérieures à l'allemand moderne, des débris d'une autre conjugaison, dans laquelle le radical lui-même était modifié suivant les temps.

Cette ancienne conjugaison, soumise à des règles fixes, était plus riche, plus *forte*, que la conjugaison moderne; aussi l'appelle-t-on conjugaison *forte* et non pas *irrégulière;* par opposition, on donne à la conjugaison plus récente le nom de conjugaison *faible* ou *régulière.*

Autant que possible, nous éviterons dans les premiers exercices d'employer des verbes forts; ils feront dans la suite l'objet de leçons spéciales.

On commence dans beaucoup de grammaires par les verbes auxiliaires *être* (sein) et *avoir* (haben), ainsi que par le troisième verbe auxiliaire *devenir* (werden), qui est particulier à la conjugaison allemande.

Mais le premier de ces auxiliaires, sein, est absolument irrégulier; il a conservé des formes très anciennes, provenant de racines différentes, à côté de celles qui sont tirées du radical actuel ; il ne nous aiderait en rien pour apprendre la conjugaison du verbe régulier.

Le verbe haben nous sera nécessaire au parfait et le verbe werden au futur et au conditionnel; nous nous servirons des formes qui nous seront indispensables, nous réservant d'insister sur les *irrégularités* qu'ils contiennent aussitôt que nous pourrons nous en rendre compte, c'est-à-dire après avoir terminé l'étude du verbe *régulier*. La comparaison sera facile, et les difficultés se graveront plus vite dans la mémoire.

Conjugaison faible (*ou* régulière)

VERBE kaufen.

Tout verbe a, pour terminaison à l'infinitif en ou n; on obtient donc le radical en retranchant en ou simplement n. Si la lettre qui précède l'n est une autre lettre que e, cette lettre fait partie du radical, et on n'a pas le droit d'y toucher.

Le verbe kaufen a pour radical kauf et pour terminaison en le radical kauf se retrouvera *à tous les temps, à toutes les personnes*, sans aucune modification. Dans le verbe bauen, le radical est bau; mais dans les verbes handeln, verbessern, tadeln, äußern, la terminaison est seulement n et le radical est handel, verbesser, tadel, äußer.

Conjuguer un verbe, c'est, dans le modèle de conjugaison régulière qui va suivre, remplacer le radical kauf par celui du verbe que l'on veut conjuguer, sans rien changer aux terminaisons; pour que la conjugaison frappe davantage les yeux, nous séparons le radical de la terminaison.

Indicatif présent.		*Subjonctif présent.*	
Ich kauf-e.	J'achète.	Ich kauf-e.	Que j'achète.
Du kauf-st.	Tu achètes.	Du kauf-est.	Que tu achètes.
Er / Sie kauf-t.	Il / Elle achète.	Er kauf-e.	Qu'il achète.
Wir kauf-en.	Nous achetons.	Wir kauf-en.	Que nous achetions.
Ihr kauf-(e)t.	Vous achetez.	Ihr kauf-et.	Que vous achetiez.
Sie kauf-en.	Ils achètent.	Sie kauf-en.	Qu'ils achètent.

Imparfait de l'indicatif et passé défini.

Ich kauf-te.	J'achetais *ou* achetai.
Du kauf-test.	Tu achetais *ou* achetas.
Er / Sie kauf-te.	Il / Elle achetait.
Wir kauf-ten.	Nous achetions.
Ihr kauf-tet.	Vous achetiez.
Sie kauf-ten.	Ils achetaient.

Imparfait du subjonctif.

Ich kauf-te.	Que j'achetasse.
Du kauf-test.	Que tu achetasses.
Er kauf-te.	Qu'il achetât.
Wir kauf-ten.	Que nous achetassions.
Ihr kauf-tet.	Que vous achetassiez.
Sie kauf-ten.	Qu'ils achetassent.

Les terminaisons du présent de l'indicatif sont donc pour les verbes réguliers :

Singulier.	1re personne	e.
	2e —	st.
	3e —	t.
Pluriel	1re personne	en.
	2e —	(e)t.
	3e —	en.

Celles de l'imparfait de l'indicatif n'en diffèrent que peu ; elles ont en plus le t qui caractérise l'imparfait, et la troisième personne du singulier a la terminaison e au lieu de t.

Singulier	1re personne	—	te.
	2e	—	teſt.
	3e	—	te.
Pluriel	1re personne	—	ten.
	2e	—	tet.
	3e	—	ten.

E *euphonique*. — Cependant la prononciation et la clarté exigent quelquefois que l'on intercale entre le radical et la terminaison la voyelle e, qui s'appelle e *euphonique* ou e mi-muet. Prenons pour exemple le verbe arbeit-en.

INDICATIF		SUBJONCTIF	
Présent.		*Présent.*	
Ich arbeit-e.	je travaille.	Ich arbeit-e.	que je travaille.
Du arbeit-eſt.	tu travailles.	Du arbeit-eſt.	que tu travailles.
Er arbeit-et.	il travaille.	Er arbeit-et.	qu'il travaille.
Wir arbeit-en.	nous travaillons.	Wir arbeit-en.	que nous travaillions.
Ihr arbeit-et.	vous travaillez.	Ihr arbeit-et.	que vous travailliez.
Sie arbeit-en.	ils travaillent.	Sie arbeit-en.	qu'ils travaillent.
Imparfait.		*Imparfait.*	
Ich arbeit-ete.	je travaillais.	Ich arbeit-ete.	que je travaillasse.
Du arbeit-eteſt.	tu travaillais.	Du arbeit-eteſt.	que tu travaillasses.
Er arbeit-ete.	il travaillait.	Er arbeit-ete.	qu'il travaillat.
Wir arbeit-eten.	nous travaillions.	Wir arbeit-eten.	que nous travaillassions.
Ihr arbeit-etet.	vous travailliez.	Ihr arbeit-etet.	que vous travaillassiez.
Sie arbeit-eten.	ils travaillaient.	Sie arbeit-eten.	qu'ils travaillassent.

Les terminaisons sont les mêmes que plus haut; mais on a été obligé d'y ajouter quelquefois e. Examinons pour quelles raisons on l'a fait aux différentes personnes :

Pour faciliter la prononciation à la deuxième personne du singulier du présent de l'indicatif;

Pour la clarté aux autres personnes.

Essayez de prononcer la troisième personne du singulier sans e euphonique; cela est impossible : vous ne pourrez faire sentir la terminaison; le verbe sera réduit à son radical; la forme sera incomplète; l'e euphonique est donc nécessaire.

A l'imparfait, si on ne met pas l'e euphonique, toutes les personnes se confondent avec celles de l'indicatif présent, excepté la troisième du singulier. Prononcez: ich arbeit-e et ich arbeit-te; il n'y a aucune différence. On sera donc autorisé à employer l'e euphonique toutes les fois que la prononciation sera trop difficile ou que la clarté l'exigera. Cela se rencontrera :

1° Avec des verbes dont le radical est terminé par une dentale d, t, th. Exemple :

Reden, parler. *Indicatif présent :* ich rede, je parle.
du redest, tu parles.
er redet, il parle.

Imparfait : ich redete, je parlais.
du redetest, tu parlais.
er redete, il parlait.

Retten, sauver. *Indicatif présent :* ich rette, du rettest, er rettet.

Imparfait : ich rettete, je sauvais ou sauvai.
du rettetest, tu sauvas.
er rettete. il sauva.

Miethen, louer. *Indicatif présent :* ich miethe, je loue.
du miethest, tu loues.
er miethet, il loue.

Imparfait : ich miethete, je louai.
du miethetest, tu louas.
er miethete, il loua.

Il en est de même avec les verbes dont le radical est terminé par plusieurs consonnes dont la dernière est m ou n.

Athmen, respirer, : radical, athm. Vous serez obligé de dire, afin de pouvoir prononcer :

Athmen. *Indicatif présent :* ich athme, je respire.
du athmest, tu respires.
er athmet, il respire.

Imparfait de l'indicatif : ich athmete, je respirais. ou respirai.
du athmetest, tu respirais.
er athmete, il respirait.

Rechnen. *Indicatif présent :* ich rechne, je calcule.
du rechnest, tu calcules.
er rechnet, il calcule.

Imparfait de l'indicatif : ich rechnete, je calculais.
du rechnetest, tu calculais.
er rechnete, il calculait.

Quelques verbes, dont le radical est terminé par une des sifflantes ſ, ß, tz, z, etc., prennent l'e euphonique, mais à la deuxième personne de l'indicatif présent seulement. Exemples :

Reisen, voyager. Ich reise, je voyage.
du reisest, tu voyages.
er reist, il voyage.
Reißen. Ich reiße, j'arrache.
du reißest, tu arraches.
er reißt, il arrache.
Reizen. Ich reize, j'excite.
du reizest, tu exicites.
er reizt, il excite.

Quelque difficile que puisse nous paraître de prime abord la prononciation des formes suivantes, elle est cependant courante chez les Allemands, qui redoutent moins que nous l'accumulation des consonnes, particulièrement des sifflantes.
On dira ainsi :

De reizen : er reizt (*raïtst*), reizte (*raïtste*).
De trotzen : er trotzt (*trotst*), trotzte (*trotste*).
De stützen : er stützt (*schtutst*), stützte (*schtutste*).

Il est à remarquer que l'on ne peut faire entendre les trois consonnes tzt ; il y en a une qui est inutile, car le z équivaut à *ts ;* le t qui précède le z ne peut donc pas être prononcé.

Sixième leçon

TEMPS DU SUBJONCTIF

Dans la conjugaison du verbe Kaufen, nous avons mis en regard des temps de l'indicatif les temps correspondants du subjonctif; cela nous autorise à faire remarquer dès maintenant.

1° Que le présent du subjonctif prend toujours un e euphonique

Ex. : du Kaufest, que tu achètes.
Ihr Kaufet, que vous achetiez.

2° Que la 3e personne du singulier est terminée par un e, tandis que la 3e personne du présent de l'indicatif était terminée par un t.

Ex. : Er kauft, il achète.
er kaufe, qu'il achète.

3° Dans les verbes *réguliers*, l'imparfait du subjonctif et l'imparfait de l'indicatif sont absolument semblables.

Ex. : Ich kaufte, j'achetais.
ich kaufte, que j'achetasse.
ich arbeitete, je travaillais.
ich arbeitete, que je travaillasse.

Remarques très importantes : Toutes les 3mes personnes du singulier sont terminées en e, comme la 1re personne du singulier.

Seule la 3e personne du singulier du *présent de l'indicatif* est terminée par t ou et, tandis que la 1re personne a un e.

La 1re et la 3e personne du pluriel sont semblables entre elles, à tous les temps, et toujours terminées par n ou en.

EXERCICES PRATIQUES SUR LES CONJUGAISONS

Conjuguez le *présent* et l'*imparfait de l'indicatif* et du *subjonctif* des verbes suivants d'après les modèles.

Kaufen et arbeiten :

Sur :

Kauf-en *acheter*	ich kauf-e	j'achète	ich kauf-te	j'achetais, *ou* achetai
Bau-en *bâtir*	ich bau-e	je bâtis	ich bau-te	je bâtissais, *ou* je bâtis
Mach-en *faire*	ich mach-e	je fais	ich machte	je faisais, *ou* je fis
Kehr-en *balayer*	ich kehr-e	je balaie	ich kehr-te	je balayais
Tünch-en *badigeonner*	ich tünch-e	je blanchis	ich tünch-te	je blanchissais
Weiß-en *blanchir*	ich weiß-e du weißest	je blanchis tu blanchis	ich weiß-te	je blanchissais
Reinig-en *nettoyer*	ich reinig-e	je nettoie	ich reinig-te	je nettoyais
Mal-en *peindre*	ich mal-e	je peins	ich malt-e	je peignais
Wärm-en *chauffer*	ich wärm-e	je chauffe	ich wärm-te	je chauffais
Schmücken *orner*	ich schmück-e	j'orne	ich schmückte	j'ornais

Sur :

Arbeit-en *travailler*	ich arbeit-e du arbeit-est	je travaille tu travailles	ich arbeit-ete	je travaillais
Bürst-en *brosser*	ich bürst-e du bürst-est	je brosse	ich bürst-ete	je brossais
Öffn-en *ouvrir*	ich öffn-e	j'ouvre	ich öffn-ete	j'ouvrais
Zeichn-en *dessiner*	ich zeichn-e	je dessine	ich zeichn-ete	je dessinais
Mieth-en *louer*	ich mieth-e	je loue	ich mieth-ete	je louais

Pour les terminaisons des autres personnes se reporter toujours aux modèles donnés antérieurement; ne pas se contenter de la première personne du singulier, mais réciter successivement toutes les personnes, en les faisant suivre de la traduction en français. Exemple :

Ich baue.	Je bâtis.	Ich baute.	Je bâtis *ou* bâtissais.
Du baust.	Tu bâtis.	Du bautest.	Tu bâtissais.
Er baut.	Il bâtit.	Er baute.	Il bâtissait.
Etc.		Etc.	

Remarque: Il n'y a pas en allemand de passé *défini*, ni de passé *antérieur;* ces deux temps sont remplacés, le 1er par l'imparfait, le 2e par le plus-que-parfait.

Nous allons donner des exercices simples sur les temps du verbe régulier que nous avons étudiés. Il faudra les faire d'abord par écrit, et s'exercer ensuite à les répéter oralement jusqu'à ce qu'on n'éprouve plus aucune hésitation ni pour le sens du verbe, ni pour le temps, ni pour la personne. Nous appellerons *Version* tout exercice où il faut traduire de l'allemand en français et *Thème* l'exercice opposé.

Les versions contiendront, quand il le faudra, des modèles pour les petites difficultés qui se présenteront dans le thème et que l'on n'aurait pas jugé à propos d'expliquer; la version devra donc servir de guide pour la traduction des thèmes.

Exercices sur le présent et l'imparfait de l'indicatif et du subjonctif.

VERSION

Er kauft. — Er kaufe. — Wir kauften.
Sie kaufte. — Ihr kauft. — Ihr kaufet.
Wir kaufen. — Sie kaufen. — Sie kauft.
E *euphonique :* Er arbeitet. — Sie arbeite. — Du arbeitest.
Arbeitest du? — arbeitete er? — Ihr arbeitet.
Ihr arbeitetet. — arbeitet sie? — arbeitet ihr?
Ich mache. — Ich machte. — Er mache.
Ihr machet. — Machst du? — Macht ihr?
Machten wir? — Er macht. — Ihr machtet.
Ich kehrte. — Du kehrst. — Kehrt sie?
Wir kehrten. — Sie kehrte. — Sie kehrten.

Du bürstetest. — Sie bürsteten. — Er bürstet.
Wir öffneten. — Er öffnete. — Öffne er.
Er zeichnete. — Zeichnete sie? — Zeichnet Ihr?
Er malte. — Er wärmte. — Wir schmücken.
Sie schmückt. — Schmückte sie? — Sie schmücken.
Er tünchte. — Tünchen sie? — Er tüncht.
Sie reinigte. — Sie reinigen. — Ihr reinigtet.

THÈME

Tu achètes. — Qu'elle achète. — Il acheta.
Elles achetèrent. — Ils achètent. — Nous achetions. — Tu achetas.
E *euphonique :* Travailles-tu? — Travaillent-elles?
Qu'il travaille. — Nous travaillions. - Elle travaillait.
Je fis. — Nous faisions. — Ils firent. — Faisaient-ils?
Faites-vous? — Il fit. — Balaie-t-elle? — Tu balayais.
Nous balayons. — Ils balayaient.
Je brossai. — Elles brossèrent. — Il brossait.
Nous ouvrons. — Il ouvrait. — Vous ouvrîtes.
Ils dessinaient. — Dessine-t-elle? — Dessiniez-vous?
Vous peignez. — Nous chauffions.
Nous ornions. — Il ornait. — Elles ornaient. — Elles blanchissaient.
Vous blanchissiez. — Ils nettoyèrent. — Qu'elle nettoie.

Substantifs à apprendre par cœur.

die Familie (*lieu*),	la famille.	*familieu.*	die Familien (*lienn*)
der Vater,	le père.	*fât'r.*	die Väter. (*è*)
die Mutter,	la mère.	*moult'r.*	die Mütter. (*u*)
der Bruder,	le frère.	*broud'r.*	die Brüder. (*u*)
die Schwester,	la sœur.	*chwest'r.*	die Schwestern.
der Sohn,	le fils.	*sône.*	die Söhne. ' (*eu*)
das Kind,	l'enfant.	*kinnd.*	die Kinder.
der Großvater,	le grand-père.	*grôssfât'r.*	die Großväter. (*è*)
die Großmutter,	la grand'mère.	*grôssmoult'r.*	die Großmütter. (*u*)
der Onkel,	l'oncle.	*onnk'l.*	die Onkel.
die Tante,	la tante.	*tannteu.*	die Tanten.

der Vetter,	le cousin.	*fett'r.*	die Vettern.
die Base,	la cousine.	*bâseu.*	die Basen.
die Cousine,		*cousineu.*	die Cousinen.
das Haus,	la maison.	*haouss.*	die Häuser. (*oï*)
das Zimmer,	la chambre.	*tsim'r.*	die Zimmer.
der Tisch,	la table.	*tisch.*	die Tische.
das Bett,	le lit.	*bett.*	die Betten.
der Schrank,	l'armoire.	*schrannk.*	die Schränke. (*enn*)
der Stuhl,	la chaise.	*stoûle.*	die Stühle (*u*).
der Kamin,	la cheminée.	*kamine.*	die Kamine.
die Thür,	la porte.	*tûr.*	die Thüren.
der Lehnstuhl,	le fauteuil.	*lènstoûle.*	die Lehnstühle (*u*).
das Gemälde,	le tableau.	*guemèldeu.*	die Gemälde.
die Zeichnung,	le dessin.	*tsaïchnoung.*	die Zeichnungen.
die Wand,	le mur.	*vannd.*	die Wände. (*enn*)
das Fenster,	le fenêtre.	*fennst'r.*	die Fenster.
das Bild,	l'image.	*bild.*	die Bilder.
der Schreiner,	le menuisier.	*schraïn'r.*	die Schreiner.
das Schloß,	la serrure.	*schloss.*	die Schlösser (*eu*).
der Schlosser,	le serrurier.	*schloss'r*	die Schlosser.
der Schlüssel,	la clef.	*schluss'l.*	die Schlüssel.
die Schublade,	le tiroir.	*schoûblâdeu.*	die Schubladen.

Dans la liste de substantifs que nous venons de donner, on a pu remarquer que les uns sont précédés de l'article der, les autres de l'article die, et quelques-uns d'une troisième forme de l'article : das.

Der précède les substantifs masculins, die les substantifs féminins; das précède des substantifs qui ne sont ni masculins ni féminins, mais qui appartiennent à un troisième genre appelé *neutre*. Les langues anciennes (latin et grec) avaient ce genre, mais on ne le rencontre plus guère dans les langues modernes.

Originairement, le neutre aurait dû désigner tout ce qui n'appartenait à aucun sexe, et être, par conséquent, réservé aux choses inanimées. Mais l'usage a fait que l'on s'est souvent écarté de cette règle ; on trouve beaucoup de substantifs masculins ou féminins parmi les noms de choses, et même quelques *neutres* désignant des êtres animés.

On ne peut donc prévoir d'avance avec certitude le genre d'un substantif; or, les fautes de genre sont celles qui prêtent le plus à la moquerie; elles ont quelque chose de plus particulièrement ridicule que les autres fautes contre la grammaire. Qui de nous n'a entendu citer quelques unes de ces erreurs que l'on prête aux étrangers, auxquels on fait dire par exemple : « le table, le voiture, mon femme »? Ces fautes qui font sourire, quand c'est un étranger qui les commet, nous rendraient nous-mêmes ridicules si nous les commettions devant des étrangers en parlant leur langue.

Dans ces premiers exercices, nous ne saurions donc trop recommander de ne jamais lire un substantif sans le faire précéder de l'article qui lui convient.

C'est le seul moyen de s'habituer très vite, et pour ainsi-dire machinalement à donner à chaque mot le genre qui lui convient. Notre oreille s'y accoutume insensiblement et à notre insu, sans que nous soyons obligés de faire aucun effort trop pénible.

Les règles de la formation du pluriel ne seront expliquées que plus tard, il faut, en attendant, s'exercer à répéter le pluriel chaque fois après le singulier.

N. B. — Remarquer aussi qu'il n'y a qu'un seul article au pluriel pour les trois genres.

Singulier . . .	der Stuhl	*Pluriel*. . .	die	Stühle
	die Thür			Thüren
	das Bild			Bilder

Septième leçon

MOTS TRÈS USITÉS

Adjectifs, pronoms, adverbes, conjonctions.

Ein	ein-e	ein	un, une.		
Mein	meine	mein	mon, ma,	meine	mes.
Welch-er	welch-e	welch-es	quel? quelle?	welche	quels, quelles.

Ihn	lui, le (*complément direct du genre masculin*).
Sie	elle, la (*sujet et complément direct du féminin*).
Sie	ils, les, eux (*pluriel, sujet et complément*).
Man	on.
Es	le, cela (*sujet et complément direct*).
Etwas	quelque chose.
Nichts	rien.
Wer ?	qui? qui est-ce qui?
Was ?	que? quoi? qu'est-ce que ? ce que (*relatif*).
Wie?	comment.
Wo?	où? en quel endroit?
Warum?	pourquoi?
Wann?	quand?
Wieviel ?	combien?
Oft	souvent.
Nicht	ne... pas.
Noch nicht	pas encore.
Nicht mehr	ne... plus.
Schon	déjà.
Hier	ici.
Da	là.
Ja	oui.
Nein	non.

A l'aide de ces petits mots, qui sont indispensables dans une conversation, nous pourrons déjà faire des questions et des réponses, unir des propositions entre elles, et tirer parti des quelques mots dont nous disposons.

Les substantifs ont été choisis dans ce qui est le plus rapproché du lecteur, dans ce qui l'entouré, dans le lieu où il vit, sa chambre.

Ces objets lui étant plus familiers, il aura plus de plaisir à former des petites phrases sur ce qui le touche de plus près; plus tard nous sortirons de ce cercle un peu étroit. Nous continuerons à exposer dans chaque leçon une règle de grammaire qui sera appliquée dans les exercices aussi souvent qu'il le faudra.

Les seuls deux temps (*présent* et *imparfait*) que nous avons expliqués jusqu'à présent ne nous permettent pas de faire un grand nombre de phrases, ni surtout de les varier autant que nous le voudrions; mais ces premières difficultés diminueront dès que nous aurons vu tous les temps du verbe régulier, c'est-à-dire dans les prochaines leçons.

Exercice pratique.

VERSION

Mein Bruder kaufte ein Haus.
Wann kaufte er es?
Die Kinder arbeiteten nicht.
Meine Mutter und meine Schwester reinigten das Haus.
Ich tünchte das Haus.
Meine Tante reinigte den Schrank und die Stühle.
Wer reinigte das Zimmer?
Meine Schwestern reinigen die Thüren und Fenster.
Meine Mutter bürstete die Kleider (1).
Bürstest du oft deine Kleider?
Ich bürste sie nicht; aber meine Schwester bürstet sie.
Wer bürstete meine Kleider? — Deine Schwester.
Man kehrt oft das Zimmer.
Malst du schon? Ich male noch nicht.
Meine Schwester zeichnet noch nicht.
Ich mache Zeichnungen, aber ich male noch nicht.
Dieses Kind kaufte ein Bild (2).
Wer malte das Gemälde?
Ich kaufte ein Gemälde.
Mein Onkel macht Zeichnungen und Gemälde.
Ich habe die Wände geweißt.
Man öffnete die Thür.

(1) Das Kleid, l'habit; die Kleider.
(1) Das Kind, l'enfant; die Kinder.

Wer öffnete die Fenster?
Ich öffnete den Schrank und bürstete die Kleider.
Warum öffneten sie die Thüren?
Wir öffneten Thüren und Fenster.
Meine Mutter kehrte oft das Zimmer.
Das Kamin wärmte das Zimmer.
Deine Schwester macht das Bett.
Warum machtest du mein Bett nicht?
Meine Mutter machte mein Bett.
Was machte er hier?
Er machte Tische, Stühle, Betten und Schränke.
Wer machte die Lehnstühle und die Tische?
Ich mache oft Zeichnungen.
Öffnetest du die Schubladen?
Nein! Ich öffnete sie nicht.
Die Schlosser machen Schlösser und Schlüssel.
Reinigtest du die Schränke und Fenster?
Die Gemälde schmücken die Wände.
Die Gemälde und Zeichnungen schmückten mein Zimmer.

THÈME.

Remarque. — Les mots entre parenthèses ne se traduiront pas en allemand.

1. — Son frère achète la maison.
2. — Quand achètes-tu une maison?
3. — Mon père et mon frère nettoient la maison.
4. — Qui badigeonna (*traduire par l'imparfait*) la maison?
5. — Mes sœurs nettoyèrent les armoires.
6. — Quand nettoie-t-on la cheminée?
7. — Ma mère nettoyait les fenêtres, et ma sœur brossait les chaises et les fauteuils.
8. — Ton père acheta (des) habits.
9. — Brossais-tu souvent ton habit?
10. — Je ne le (*neutre*) brossais pas, mais ma sœur le brossait. *Tournez :* (je brossais lui pas, mais ma sœur brossait lui).

11. — Quand brossais-tu tes habits?
12. Quand nettoyait-on la chambre?
13. On la nettoyait (nettoyait elle, *neutre*) souvent.
14. — Fais-tu (des) dessins? — Je fais encore (des) dessins, mais je ne fais pas encore (de) tableaux.
15. — Mon frère peint déjà (des) tableaux.
16. — Mon oncle faisait un dessin et un tableau.
17. — Qui ouvre la porte?
18. — Pourquoi ouvre-t-il ma porte?
19. — Ma mère ouvrit (les) portes et (les) fenêtres.
20. — Elle balaie souvent les chambres.
21. — Qui fait les lits?
22. — Les cheminées chauffent les chambres.
23. — Ma sœur faisait les lits.
24. — Pourquoi ne faisais-tu pas mon lit?
25. — Ma mère fait ton lit.
26. — Qu'est-ce que tu faisais ici?
27. — Je faisais (des) tables et (des) chaises.
28. — Où fait-on les armoires et (les) fauteuils?
29. — Faites-vous souvent (des) dessins?
30. — Il ouvrit le tiroir.
31. — Mon frère n'ouvrit pas les tiroirs.
32. — Ma cousine nettoyait les chaises et (les) fauteuils.
33. — Un tableau ornait sa chambre.
34. — Quels tableaux et quels dessins ornaient les chambres?

Huitième leçon

VERBE RÉGULIER (*suite*).

Parfait.

Le *parfait*, que les grammaires françaises appellent aussi, à l'*indicatif*, *passé indéfini*, est composé de l'auxiliaire qui convient au verbe et du *participe passé* de ce verbe. Cet auxiliaire, pour les verbes réguliers, est généralement le verbe haben, *avoir*. Nous verrons aussi un assez grand nombre de verbes qui se conjuguent avec l'auxiliaire sein, *être*.

Pour former le *parfait de l'indicatif* d'un verbe régulier, on fait suivre le *présent de l'indicatif* du verbe haben du *participe passé* du verbe que l'on conjugue.

AUXILIAIRE haben.

L'*indicatif présent* du verbe haben est :

Ich habe.	J'ai.	Ich hab-e.	Que j'aie.
Du hast.	Tu as.	Du hab-est.	Que tu aies.
Er hat.	Il a.	Er hab-e.	Qu'il aie.
Wir haben.	Nous avons.	Wir hab-en.	Que nous ayons.
Ihr habt.	Vous avez.	Ihr hab-et.	Que vous ayez.
Sie haben.	Ils ont.	Sie hab-en.	Qu'ils aient.

Pour le *parfait du subjonctif*, on joint le *participe passé* du verbe que l'on conjugue au *présent du subjonctif* de haben :

Nous insisterons plus loin sur la conjugaison de ce verbe; mais nous ferons remarquer dès maintenant que les formes du *subjonctif présent* sont absolument régulières (le radical hab se retrouvant à toutes les personnes), tandis que *deux* personnes de l'*indicatif présent* sont légèrement irrégulières.

Ce sont : 1° la 2e personne du singulier,
du hast tu as.
2° la 3e personne du singulier,
er hat il a.

PARTICIPE PASSÉ.

On obtient le *participe passé* d'un verbe régulier en ajoutant au *radical* la terminaison t ou et et en faisant précéder ce radical du *préfixe* ou *augment* ge. Ex. :

Kauf-en.	*Participe passé.*	gekauf-t.
Bau-en.	—	gebau-t.
Mach-en.	—	gemach-t.
Mal-en.	—	gemal-t.

Pour les verbes où l'e euphonique est nécessaire, on dira:

Arbeit-en. *Participe passé* gearbeit-et.
Bürst-en. — gebürst-et.
Öffn-en. — geöffn-et.
Zeich-nen. — gezeichn-et.

Remarque. — L'addition de l'e euphonique est parmi les difficultés grammaticales une de celles contre lesquelles les élèves pèchent le plus souvent et le plus longtemps.

On arrive assez facilement à la vaincre pour l'*indicatif présent;* c'est le temps qui se présente le premier à la pensée, c'est celui qu'on répète le plus souvent; c'est le commencement du verbe et, par suite, c'est le temps le mieux connu de ceux qui apprennent un langue. On obtient d'eux assez facilement qu'ils récitent par exemple:

Ich mache. je fais,
Du machst. tu fais.
Er macht. il fait.
etc. etc.

Ich zeichn-e. je dessine.
Du zeichn-est. tu dessines.
Er zeichn-et. il dessine.
etc. etc.

Mais, cette difficulté, vaincue pour l'*indicatif présent*, se représente pour l'*imparfait* et le *participe*, et c'est à ces temps que l'on rencontre les fautes les plus fréquentes.

Servons-nous donc d'un moyen *pratique* pour guider ceux qui nous lisent. L'*indicatif*, que l'on sait le mieux, que l'on récite presque machinalement, sans trop hésiter, servira à trouver immédiatement l'*imparfait* et le *participe*.

Prenons la *troisième* personne du singulier de l'*indicatif présent :*

Er macht. Er zeichnet.

Nous obtiendrons l'*imparfait* en ajoutant la terminaison e. Ex. :

Ich macht-e. Ich zeichnet-e.

Nous trouverons le *participe passé* en faisant précéder cette même troisième personne du préfixe ge, Ex. :

Ge-macht. Ge-zeichnet.

de même pour Kaufen et arbeiten qui feront à l'*imparfait*,

Kauft=e. arbeitet=e.

et au *participe passé :*

Ge=kauft. Ge=arbeitet.

Écrivez ces temps en un seul mot ; la séparation n'est indiquée ici que pour plus de clarté.

C'est un *procédé mnémonique* commode que nous recommandons d'employer dans les cas où l'on pourrait être un moment hésitant ; mais il faut se garder de considérer cela comme une règle de grammaire.

Verbe régulier (*suite*)

PARFAIT

de l'Indicatif.		*du Subjonctif.*	
Ich habe gekauft	J'ai acheté	Ich habe gekauft	Que j'aie acheté
Du hast gekauft	Tu as acheté	Du habest gekauft	Que tu aies acheté
Er hat gekauft	Il a acheté	Er habe gekauft	Qu'il ait acheté
Wir haben gekauft	Nous avons acheté	Wir haben gekauft	Que nous ayons acheté
Ihr habt gekauft	Vous avez acheté	Ihr habet gekauft	Que vous ayez acheté
Sie haben gekauft	Ils ont acheté	Sie haben gekauft	Qu'ils aient acheté

Plus-que-parfait.

Ich hatte gekauft	J'avais acheté	Ich hätte gekauft	(Que) j'eusse acheté
Du hattest gekauft	Tu avais acheté	Du hättest gekauft	(Que) tu eusses acheté
Er hatte gekauft	Il avait acheté	Er hätte gekauft	(Que) il eût acheté
Wir hatten gekauft	Nous avions acheté	Wir hätten gekauft	(Que) nous eussions acheté
Ihr hattet gekauft	Vous aviez acheté	Ihr hättet gekauft	(Que) vous eussiez acheté
Sie hatten gekauft	Ils avaient acheté	Sie hätten gekauft	(Que) ils eussent acheté

Le *plus-que-parfait* a été, comme en français, formé de l'*imparfait* de l'auxiliaire haben (nous en reparlerons plus tard) joint au *participe passé.*

Comme exercice sur ces deux nouveaux temps du verbe, nous recommandons de conjuguer par écrit, et en prononçant à haute voix, les autres verbes qui ont été indiqués. Ex. :

Ich habe gebaut	J'ai bâti	Ich habe gebaut	Que j'aie bâti
Du hast gebaut	Tu as bâti	Du habest gebaut	Que tue aies bâti
Ich habe geöffnet	J'ai ouvert	Ich habe geöffnet	Que j'aie ouvert
Du hast geöffnet	Tu as ouvert	Du habest geöffnet	Que tu aies ouvert

Exercices sur les Verbes réguliers

VERSION

Er hat etwas gekauft.
Man hat nichts gemacht.
Hast du ein Haus gebaut?
Ich habe nichts gemacht.
Was hat er gebaut?
Er hat hier Häuser gebaut.
Hat man mein Bett gemacht? (1)
Man hat es noch nicht gemacht.
Sie hat das Zimmer gekehrt.
Sie hatte nicht gearbeitet.
Haben Sie gemalt?
Sie hatten das Zimmer nicht gereinigt.
Arbeitete sie?
Arbeitet man hier?
Man hat noch nicht gearbeitet.
Wir malten.
Hast du gearbeitet?
Nein, ich habe nicht gearbeitet.
Ich zeichnete.
Hast du gezeichnet?
Wir haben nicht gezeichnet.
Sie bürstete die Kleider nicht.

(1) Remarquer la place du participe passé.

Sie arbeitete nicht mehr.
Man hat das Haus gemiethet.
Wer miethet es?
Wann miethet man es?
Wo hat er ein Zimmer gemiethet?
Sie mietheten unser Haus?
Wir miethen das Zimmer nicht.
Er hatte nichts gekauft.
Er hatte noch nichts gemacht.
Wer offnete die Thür?
Hattest du die Fenster geöffnet?
Nein, ich öffnete sie nicht.
Hat sie mein Zimmer gekehrt und gereinigt?
Nein; sie kehrt und reinigt es nicht mehr.
Hat man mein Zimmer gewärmt?
Man hat es nicht gewärmt.

THÈME.

Nous badigeonnons la maison.
Nous badigeonnions une maison.
Nous avons badigonné (des) maisons.
Nous peignons.
Nous peignions.
Nous avons peint.
Tu fais.
Tu faisais.
Tu as fait.
Il nettoie.
Il nettoyait.
Il a nettoyé.
Il avait nettoyé.
Travailles-tu?
Travaillais-tu?
As-tu travaillé?
Avais-tu travaillé?
Dessine-t-elle?
Dessinait-elle?
A-t-elle dessiné?
Avait-elle dessiné?

Qui ouvre la porte?
Qui ouvrit les portes?
Qui a ouvert?
Qui avait ouvert?
Il blanchit les murs.
Il blanchissait la chambre.
Il a blanchi.
Il avait blanchi.
Quand a-t-il blanchi?
Qu'a-t-elle acheté?
Où avait-elle acheté?
Pourquoi avait-il acheté?
Ont-ils bâti?
Où avaient-ils loué?
Quand avait-elle nettoyé?
Pourquoi n'ont-ils pas nettoyé?
Ils ne nettoyaient pas.

Neuvième leçon

VOCABULAIRE

Verbes.

lieben	aimer	liebte	geliebt
ehren	honorer	ehrte	geehrt
loben	louer	lobte	gelobt
schätzen	estimer (chérir)	schätzte	geschätzt
küssen	embrasser	küßte	geküßt

Substantifs

Remarque : Dans la version nous avons donné des phrases complètes; mais dans le thème, aux temps composés, nous n'avons guère donné que des formes sèches de verbes, sans compléments; c'est que la règle du participe passé n'a pas encore été expliquée, la version en donne déjà une idée que nous complèterons prochainement.

Singulier			Pluriel
die Magd	*mâgd*	la servante	die Mägde (ä=é)
der Ofen	*ôf'n*	le poêle	die Öfen (ö=eu)
das Feuer	*foïeur*	le feu	
das Holz	*holtz*	le bois	
die Zimmerdecke	*tsimerdékeu*	le plafond	die Zimmerdecken
der Fußboden	*foûssbôa n*	le plancher	
die Mauer	*maoueur*	le mur	die Mauern
der Maurer	*maoureur*	le maçon	die Maurer
der Tüncher	*tunnch'r*	le badigonneur	die Tüncher
die Eltern	*ell'rn*	les parents	

Mots très usités

Dein, deine, dein, ton; — *pluriel,* deine.
Sein, seine, sein, son; — *pluriel,* seine.

Gut, bien.

Besser, mieux; mieux que, besser als.

So gut, aussi bien; aussi bien que, so gut wie *ou* als.

Nie, Niemals, } ne... jamais (négatif).

Je, Jemals, } jamais (sens de quelquefois).

Exemples : Je n'ai jamais estimé cet homme, ich habe diesen Mann nie geschätzt.

Avez-vous jamais fait? Haben Sie je gemacht?

Immer, toujours, sans cesse.

Noch immer, toujours (encore en ce moment).

Exemples : Il travaille toujours (sans repos), er arbeitet immer.

Il travaille toujours (encore maintenant il travaille), er arbeitet noch immer.

Heute, aujourd'hui.

Gestern, hier.

Complément direct.

Quand les substantifs *masculins* sont compléments directs d'un verbe actif, leur article n'est plus der, mais den. On sait qu'un mot est complément direct quand il répond à la question *qui*, ou *quoi?*

Les autres déterminatifs ont, comme der, une seconde forme, quand ils sont compléments directs et se rapportent à des substantifs *masculins*.

Il aime le garçon.
Er liebt den Knaben.
Il aime *qui?* Réponse : le garçon.
Le cousin est donc complément direct, et se met à l'accusatif.

ein	devient	einen.
mein	—	meinen.
welcher	—	welchen.
dein	—	deinen.
sein	—	seinen.

Ex. : J'aime mon frère.
J'aime *qui?* Réponse : mon frère.
Mon frère est complément direct.
Ich liebe meinen Bruder.

Nous reparlerons plus longuement de ces changements à propos de la déclinaison ; on a dû remarquer que nous n'avons rien dit des *féminins* et des *neutres*, qui, en effet, n'ont pas de terminaison différente pour les compléments directs.

Neuvième leçon.

TEMPS COMPOSÉS

Parfait et plus-que-parfait ; place du participe passé.

Le participe passé reste *toujours invariable* au parfait et au plus-que-parfait de l'indicatif et du subjonctif, ainsi qu'à l'infinitif passé, quel que soit son complément ; si l'on se reporte aux fameuses règles du participe en français, on trouvera que c'est une grosse difficulté de moins.

Le participe passé se place *après tous les compléments*, ce qui revient à dire qu'il est toujours *à la fin* de la proposition à laquelle il appartient; on peut même, quand la phrase est composée de plusieurs propositions, mettre le participe de la proposition principale à la fin de la phrase entière.

Après une comparaison, le mot qui suit *que* est, le plus souvent, sujet d'une proposition dont le verbe n'est pas exprimé.

Exemple :

Il a travaillé aussi bien *que* toi.
Suppléez : *que tu as travaillé.*
Le participe passé *travaillé* se mettra donc avant *que* (als *ou* wie).
Traduisons : Er hat so gut gearbeitet, wie du.
Gearbeitet est réellement à la fin de la proposition dont il fait partie.
En français, le complément direct est placé *après le verbe.*

Exemples :

J'achète le poêle, ich kaufe den Ofen.
Réponse : j'achète *quoi? le poêle.*
Le poêle est donc *complément direct.*
La servante brosse la table, die Magd bürstet den Tisch.
Brosse *quoi?* — Réponse : *la table.*
La table est donc *complément direct.*

Le verbe est le mot le plus important de la phrase; c'est lui qui exprime l'état, l'action, le mouvement; tant qu'on ne le connait pas, la pensée est indécise, incomplète, il lui manque la vie.

Dans la phrase allemande, la pensée ne s'achève donc souvent qu'au dernier mot, qui est le verbe; jusque là, l'auditeur ne connait que les circonstances diverses de l'action; il est obligé, pour comprendre la pensée de son interlocuteur, d'attendre patiemment que celui-ci ait entièrement terminé sa phrase. Aussi un étranger est-il surpris de voir un ordre véritable régner chez les Allemands dans les conversations, même les plus animées. Quand l'un d'eux a terminé, un autre reprend, et, pas plus que le premier, il n'est interrompu dans le développement de sa pensée. Il semblerait qu'il y ait une règle fixée d'avance, acceptée de tous; cette discipline presque militaire, jusque dans la conversation la plus libre, provient sans doute d'un caractère calme, froid, d'un sang moins vif, d'un caractère moins impétueux que le nôtre; mais la construction de la phrase, où le mot essentiel, le verbe, occupe si souvent la dernière place, a dû peu à peu, faire passer de la conversation dans les mœurs cette régularité un peu monotone. Nous verrons d'ailleurs, dans une prochaine lecon, que non seulement le *participe passé*, mais aussi *l'infinitif*, dont l'emploi est beaucoup plus fréquent que dans la langue française, se trouve *rejeté à la fin de la phrase*.

PLACE DE LA NÉGATION (nicht).

La négation nicht se place généralement, dans les propositions simples, après le complément direct. Exemple :

Liebst du deinen Vater nicht? N'aimes-tu pas ton père?

Exercices sur les compléments directs des verbes et sur le participe passé.

VERSION

Mein Vater hat ein Haus gebaut.
Du hast deine Mutter noch nicht geküßt.
Er ehrt seinen Vater und seine Mutter.
Hast du immer deinen Onkel und deine Tante geliebt?
Sie liebten immer meinen Sohn.
Liebst du deine Mutter nicht?
Ich habe immer meinen Bruder und meine Schwester geschätzt und geliebt?
Sein Sohn arbeitete immer gut; die Mutter und der Vater liebten ihn (lui).
Er hatte gestern besser gearbeitet; aber er arbeitete heute nicht so gut.
Die Eltern lieben die Kinder; aber die Kinder ehren nicht immer die Eltern.
Mein Vetter hat seine Eltern immer geliebt und geehrt.
Man hat ihn oft gelobt.
Hat er seinen Vater geküßt?
Ja, er hat ihn geküßt.
Mein Onkel hat meinen Vetter und meine Cousine geküßt.
Er ehrte seinen Großvater und seine Großmutter.
Ich habe immer meine Tante geschätzt.

Er küßte mein Kind nicht.
Hast du das Fenster geöffnet?
Nein, ich habe es noch nicht geöffnet.
Wer hat deine Kleider gebürstet?
Der Tüncher hatte das Haus getüncht und die Wände geweißt.
Er zeichnete so gut wie ich (ou als ich),
Meine Schwester hat nicht so gut gezeichnet, als du.
Hast du schon oft gemalt?
Wer hatte die Bilder gezeichnet?
Wo hatte man die Gemälde gekauft?
Hast du ein Zimmer gemiethet?
Die Mägde reinigen die Häuser, bürsten die Kleider, und kehren die Zimmer.
Das Feuer hat das Zimmer gewärmt.
Der Ofen hat mein Zimmer gewärmt?
Der Kamin wärmt dein Zimmer nicht.
Warum hast du den Ofen nicht gekauft?

THÈME

Remarque. — Nous avons fait imprimer en caractères différents les participes passés des verbes, afin d'attirer l'attention du lecteur et de lui rappeler ainsi la place que ces mots doivent occuper dans la phrase allemande.

Nous n'avons pas encore *acheté* sa maison.
As-tu jamais *bâti* (des) maisons?
Qui est-ce qui avait *fait* les tableaux?
Quand avez-vous *balayé* ma chambre?
Aujourd'hui et hier.
Le badigeonneur a *blanchi* la maison.
Mon fils! tu ne nettoies pas souvent tes habits; tu ne les brosses jamais (*Tournez :* tu brosses eux jamais).
Il a dessiné beaucoup; ses dessins ornent sa chambre.
(Ne) dessinez-vous pas encore?
J'ai déjà dessiné.
J'ai *fait* (des) dessins.

As-tu *chauffé* ta chambre?
J'ai un poêle; il chauffe ma chambre mieux qu'une cheminée.
Quand as-tu *acheté* ton poêle?
Où l'as-tu *acheté*? (*Tournez*: Où as-tu lui acheté?)
Je l'ai *acheté* ici hier (j'ai lui hier ici acheté).
Il n'ouvre jamais la fenêtre.
As-tu *ouvert* ta fenêtre aujourd'hui?
Non, je ne l'ai pas *ouverte* (*Tournez* : j'ai *elle* pas ouvert)
Pourquoi ne l'as-tu pas *ouverte*?
Quand as-tu *loué* ta chambre?
(Des) images ornaient nos chambres.
Il aime son père et sa mère; il les embrasse souvent.
As-tu *embrassé* ta mère aujourd'hui?
J'ai *embrassé* mon père et ma mère,
Je n'ai pas *embrassé* mon frère aujourd'hui.
Il a toujours *aimé* mes parents.
Tu as toujours bien *travaillé*.
Il a toujours *honoré* et *aimé* son grand-père et sa grand'mère.
N'aimes-tu plus tes parents?
Avez-vous déjà bien *travaillé*?
Qu'avez-vous *fait* aujourd'hui?
J'ai déjà *nettoyé* ma chambre, et *brossé* mes habits.
Qui est-ce qui a *ouvert* ma fenêtre?
N'as-tu pas *ouvert* la fenêtre aujourd'hui?
A-t-on *loué* ton fils?
Oui, il avait bien *travaillé*.
Mon enfant! Tu as mieux *dessiné* aujourd'hui qu'hier.
Nous dessinions déjà bien; mais nous n'avons jamais *dessiné* aussi bien que toi (que *tu*, sous-entendu : *as dessiné*).
As-tu déjà *fait* ton dessin?
Non, pas encore.
Le peintre a *fait* un tableau.
Les maçons ont déjà *bâti* sa maison.
Pourquoi n'as-tu pas encore *bâti* ta maison?
Quand a-t-il *acheté* un tableau?
Où a-t-il *loué* une chambre?

Dixième leçon

FUTUR ET CONDITIONEL

Nous avons dit incidemment que l'*infinitif* était beaucoup plus employé en allemand qu'en français.

Nous allons le faire voir; nous sommes enfin arrivés, dans la conjugaison du verbe régulier, au futur et au conditionnel, où doit apparaître l'infinitif.

En français, le futur simple et le conditionnel présent sont depuis longtemps de véritables *temps simples*, tandis qu'en allemand, ce sont des *temps composés* qui renferment l'*infinitif* joint à un auxiliaire. Voilà donc quatre temps du verbe :

Le *futur simple* et le *futur antérieur*,
Le *conditionnel présent* et le *conditionnel passé*,

qui contiennent toujours un des temps de l'infinitif.

La conjugaison française a ici un avantage marqué sur la conjugaison allemande, et nous verrons plus tard à l'aide de quels artifices on essaie, en allemand, de remédier aux inconvénients que présente l'emploi de ces temps composés.

L'auxiliaire des quatre temps cités plus haut est emprunté au verbe werden, *devenir*. Ce verbe indique que l'action n'est *pas encore faite*, qu'elle *pourra être faite, qu'elle se fera*. Si je dis d'un enfant qu'il *devient* sage, j'indique qu'il ne l'est pas encore, mais qu'il est en marche vers cet état, et par conséquent qu'il le *sera*. Le verbe français *aller*, joint à l'infinitif, nous donnera aussi une idée approchée du sens ajouté par l'auxiliaire werden, *devenir*, à l'infinitif. Quand je dis : *Vous allez tomber*, c'est à peu près comme si je disais : *Vous tomberez*. -- *Vous allez voir* équivaudrait aussi à : *Vous verrez*.

Entre : *Vous allez voir* et *vous verrez* il y a pourtant une nuance. La première indique un temps très rapproché, et signifie : vous verrez de suite, dans un instant,— *Vous verrez* indique au contraire un temps futur indéterminé.

Ces exemples suffisent pour faire comprendre le rôle joué en allemand par l'auxiliaire werden, *devenir*.

FORMATION DU FUTUR

Le *futur simple* se forme à l'aide de l'*indicatif présent* du verbe werden, joint à l'*infinitif présent* du verbe que l'on conjugue.

Futur simple		*Subjonctif futur*	
Ich werde kaufen	J'achèterai	Ich werde kaufen	Que j'achèterai *ou que j'achète*
Du wirst kaufen	Tu achèteras	Du werdest kaufen	
Er wird kaufen	Il achètera	Er werde kaufen	
Wir werden kaufen	Nous achèterons	Wir werden kaufen	
Ihr werdet kaufen	Vous achèterez	Ihr werdet kaufen	
Sie werden kaufen	Ils achèteront	Sie werden kaufen	

Il semble surprenant qu'il puisse y avoir un *subjonctif futur;* on comprendra mieux l'existence de ce temps, quand on aura étudié l'emploi des différents modes et du subjonctif en particulier.

Les raisons qui rendent le subjonctif nécessaire en allemand sont différentes de celles qui exigent l'emploi du même mode en français : le subjonctif futur est fréquemment employé dans certains cas où nous nous contentons du futur simple, ou bien du présent du subjonctif. Il suffit qu'il y ait *doute* ou *incertitude* dans l'énonciation d'une pensée pour que le subjonctif devienne nécessaire.

L'auxiliaire werden est un véritable *verbe fort*; il modifie à l'indicatif présent la voyelle e de son radical, et la remplace par i. L'usage a, de plus, amené la disparition du d à la seconde personne du singulier, et la troisième personne n'a pas de terminaison. Nous reparlerons de ce verbe quand nous expliquerons les verbes forts.

Futur antérieur

Le *futur antérieur* ou *futur passé* se forme à l'aide de l'*indicatif présent* du verbe werden et de l'*infinitif passé* du verbe que l'on conjugue.

Le verbe kaufen, *acheter*, a pour infinitif passé gekauft haben, *avoir acheté*. Le futur antérieur sera donc :

Futur antérieur

Ich werde gekauft haben	J'aurai acheté.
Du wirst gekauft haben	Tu auras acheté.
Er wird gekauft haben	Il aura acheté
Wir werden gekauft haben	Nous aurons acheté
Ihr werdet gekauft haben	Vous aurez acheté
Sie werden gekauft haben	Ils auront acheté

Subjonctif

Ich werde gekauft haben
Du werdest gekauft haben
Er werde gekauft haben
Wir werden gekauft haben
Ihr werdet gekauft haben
Sie werden gekauft haben

Que j'aie acheté *ou* que j'aurai acheté

CONDITIONNEL

Le conditionnel est un temps composé en allemand, tandis que c'est au contraire un temps simple en français; comme le futur, il emprunte un des temps du verbe l'auxiliaire werden, l'imparfait du subjonctif : ich würde.

Pour former le conditionnel présent, on fait suivre l'auxiliaire : ich würde de *l'infinitif présent*.

Conditionnel présent

Ich würde kaufen	J'achèterais	Pas de *Subjonctif*.
Du würdest kaufen	Tu achèterais	
Er würde kaufen	Il achèterait	
Wir würden kaufen	Nous achèterions	
Ihr würdet kaufen	Vous achèteriez	
Sie würden kaufen	Ils achèteraient	

Le *conditionnel passé* se forme avec le même auxiliaire ich würde joint à l'*infinitif passé*.

Or, l'infinitif passé étant gekauft haben, avoir acheté, on dira :

Conditionnel passé

Ich würde gekauft haben	J'aurais acheté
Du würdestt gekauft haben	Tu aurais acheté
Er würde gekauft haben	Il aurait acheté
Wir würden gekauft haben	Nous aurions acheté
Ihr würdet gekauft haben	Vous auriez acheté
Sie würden gekauft haben	Ils auraient acheté

IMPÉRATIF

L'impératif est un temps simple comme le présent et l'imparfait de l'indicatif et du subjonctif.

Singulier.	2e *pers.*	Kaufe	Achète
	3e —	Kaufe er	Qu'il achète
Pluriel.	1re *pers.*	Kaufen wir	Achetons
	1re —	Lasset uns kaufen	Achetons
	2e —	Kaufet	Achetez
	3e —	Kaufen sie	Qu'ils achètent

INFINITIF

Infinitif présent

Kaufen	Acheter	Arbeiten	Travailler

Infinitif passé

Gekauft haben	Avoir acheté	Gearbeitet haben	Avoir travaillé

PARTICIPES

Participe présent. . .	Kaufend	Achetant
Participe passé. . . .	Gekauft	Acheté

VERBES RÉGULIERS (*suite*)

Nous avons examiné pour la conjugaison des verbes réguliers tous les cas où l'on doit placer, entre le radical et la terminaison, un e euphonique ou mi-muet. Il nous reste à parler maintenant d'une particularité qui se présente dans les verbes dont le radical est terminé par el, er (verbes en eln, ern).

Pour des raisons qu'il serait trop long de développer ici, les Allemands évitent de placer une consonne liquide (l, m, n, r) entre deux e mi-muets.

Or, dans les verbes suivants :

Tadeln,	blâmer.
Prügeln,	battre (à coups de bâton).
Liefern,	fournir (livrer).
Ändern,	changer.

le radical est tadel, prügel, liefer, änder (qui se prononcent *tâd'l, prüg'l, lif'r, end'r*).

Si nous appliquions strictement les règles données pour la formation des temps, nous obtiendrions :

Pour l'Indicatif présent :

1re *personne* . . .
- Ich tadel-e
- Ich prügel-e
- Ich liefer-e
- Ich änder-e

La 2e personne n'offre aucune difficulté et sera :

2e *personne*. . . .
- Du prügel-st
- Du tadelst
- Du liefer-st
- Du änder-st

Nous trouvons donc à la première personne les lettres l et r entre deux e mi-muets. Dans ce cas, il est d'usage de supprimer l'e du radical et de dire :

Ich
- tadle, je blâme.
- prügle, je bats.
- liefre, je fournis.
- ändre, je change.

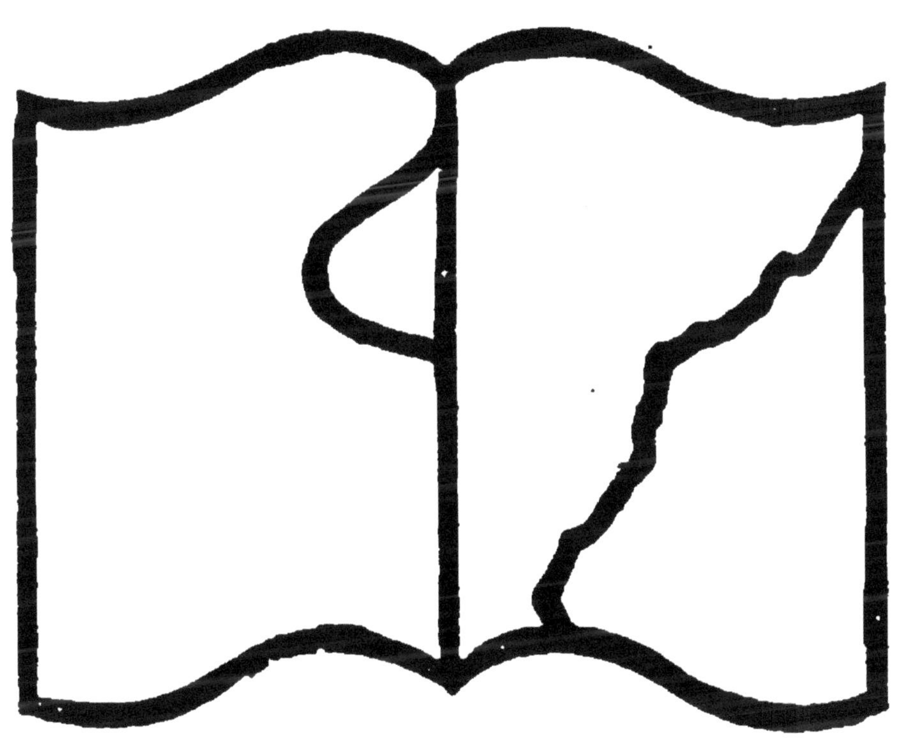

Texte détérioré — reliure défectueuse

NF Z 43-120-11

Conditionnel passé

Ich würde gekauft haben	J'aurais acheté
Du würdest gekauft haben	Tu aurais acheté
Er würde gekauft haben	Il aurait acheté
Wir würden gekauft haben	Nous aurions acheté
Ihr würdet gekauft haben	Vous auriez acheté
Sie würden gekauft haben	Ils auraient acheté

IMPÉRATIF

L'impératif est un temps simple comme le présent et l'imparfait de l'indicatif et du subjonctif.

Singulier.	2e *pers.*	Kaufe	Achète
	3e —	Kaufe er	Qu'il achète
Pluriel.	1re *pers.*	Kaufen wir	Achetons
	1re —	Lasset uns kaufen	Achetons
	2e —	Kaufet	Achetez
	3e —	Kaufen sie	Qu'ils achètent

INFINITIF

Infinitif présent

Kaufen	Acheter	Arbeiten	Travailler

Infinitif passé

Gekauft haben	Avoir acheté	Gearbeitet haben	Avoir travaillé

PARTICIPES

Participe présent. . .	Kaufend	Achetant
Participe passé. . . .	Gekauft	Acheté

VERBES RÉGULIERS (*suite*)

Nous avons examiné pour la conjugaison des verbes réguliers tous les cas où l'on doit placer, entre le radical et la terminaison, un e euphonique ou mi-muet. Il nous reste à parler maintenant d'une particularité qui se présente dans les verbes dont le radical est terminé par el, er (verbes en eln, ern).

Pour des raisons qu'il serait trop long de développer ici, les Allemands évitent de placer une consonne liquide (l, m, n, r) entre deux e mi-muets.

Or, dans les verbes suivants :

Tadeln,	blâmer.
Prügeln,	battre (à coups de bâton).
Liefern,	fournir (livrer).
Ändern,	changer.

le radical est tadel, prügel, liefer, änder (qui se prononcent *tâd'l*, *prüg'l*, *lif'r*, *ænd'r*).

Si nous appliquions strictement les règles données pour la formation des temps, nous obtiendrions :

Pour l'Indicatif présent :

1re *personne* . . .
- Ich tadel-e
- Ich prügel-e
- Ich liefer-e
- Ich änder-e

La 2e personne n'offre aucune difficulté et sera :

2e *personne*. . . .
- Du prügel-st
- Du tadelst
- Du liefer-st
- Du änder-st

Nous trouvons donc à la première personne les lettres l et r entre deux e mi-muets. Dans ce cas, il est d'usage de supprimer l'e du radical et de dire :

Ich
- tadle, je blâme.
- prügle, je bats.
- liefre, je fournis.
- ändre, je change.

Au subjonctif présent, l'e de la terminaison sera toujours maintenu, car il caractérise le subjonctif, et en marque la différence avec l'indicatif.

En général, on conserve l'e du radical et on supprime l'e de la terminaison, excepté aux temps et aux personnes où la terminaison doit nécessairement contenir l'e mi-muet.

MODÈLE POUR LES VERBES EN eln, ern

Indicatif présent	*Subjonctif présent*
Ich tadle	Ich tadle
Du tadelst	Du tadlest
Er tadelt	Er tadle
Wir tadeln	Wir tadlen
Ihr tadelt	Ihr tadlet
Sie tadeln	Sie tadlen
Ich liefre	Ich liefre
Du lieferst	Du liefrest
Er liefert	Er liefre
Wir liefern	Wir liefren
Ihr liefert	Ihr liefret
Sie liefern	Sie liefren

L'*imparfait* sera : ich lieferte, ich tadelte, etc.

Le *participe passé* : geliefert, getadelt.

En poésie, et quelquefois en prose, on pourra rencontrer les formes : ich liefere, ich tadele, etc. ; mais les auteurs modernes les évitent dans le langage ordinaire.

EMPLOI DU PRONOM Sie POUR TRADUIRE *vous*

Les peuples anciens employaient, en parlant à une seule personne, le pronom *tu*, quelle que fût la puissance et la dignité de celle à laquelle ils s'adressaient.

De nos jours, un grand nombre de peuples ont conservé le même usage, et ce n'est pas une des moindre surprises du voyageur inexpérimenté qui débarque en Afrique, de s'entendre tutoyer par les Arabes en guenilles, qui se pressent autour de lui, pour lui offrir leurs services ou lui demander une aumône.

Notre civilisation a substitué au *tu* naturel, réservé dès lors aux amis, aux enfants, le *vous*, deuxième personne du pluriel. Chez les Allemands, la politesse a choisi une autre personne, la troisième du pluriel, Sie (*Ils* ou *Elles*).

DANS CE CAS, Sie S'ÉCRIT AVEC UNE MAJUSCULE;

Cela permet de distinguer Sie (*vous*) de sie (*ils* ou *elles*) dans les ouvrages écrits.

Mais dans la conversation, l'emploi de cette troisième personne présente quelques inconvénients. En effet, il est impossible de faire sentir par la prononciation aucune différence entre :

Sie kaufen,	vous achetez,	*et*	sie kaufen,	ils achètent.
Kaufen Sie?	achetez-vous?	*et*	kaufen sie?	achètent-ils?
Kaufen Sie,	achetez,	*et*	kaufen sie,	qu'ils achètent.

Néanmoins, c'est actuellement la seule forme en usage, celle qui est exclusivement employée dans tous les cas où, adressant la parole à une seule personne, nous emploierions en français le pronom *vous*. Nous verrons plus tard, en parlant du pronom *vous*, dans quels cas le pronom ihr, de la deuxième personne du pluriel, peut et doit être encore employé en Allemand. Mais nous insistons sur ce fait, c'est que, de nos jours, on manquerait aux règles les plus élémentaires de la politesse en n'employant pas le pronom Sie, de la troisième personne. Il y a quelques années, un procès a été jugé (à Breslau, je crois). Il s'agissait d'un employé qui avait insulte un de ses chefs dans l'exercice de ses fonctions. Quelle raison fit-il valoir pour sa défense? C'est que ce chef lui donnait ses ordres d'un ton méprisant, et lui avait manqué de respect à différentes reprises, en lui parlant toujours à la deuxième personne du pluriel, contrairement à l'usage reçu:

Wollt ihr? — Ihr habt nicht, etc. — Ihr sollt.

Voilà ce qui avait exaspéré cet homme; et ce petit épisode nous fait voir sous un jour frappant que la politesse exige l'emploi du pronom Sie à l'exclusion de tout autre, si l'on ne veut pas blesser la personne à laquelle on parle.

Dans la conjugaison des verbes, nous inscrirons dorénavant les deux formes ihr et Sie.

Le pronom Sie peut être aussi bien *sujet* que *complément direct*. Ex. :

Ich tadle Sie.	Je vous blâme.
Sie tadeln ihn.	Vous le blâmez.

Douzième leçon

VERBE Haben, *Avoir*.

Afin de donner un tableau complet de l'auxiliaire haben, nous répétons les deux temps déjà vus.

INDICATIF		SUBJONCTIF	
Présent		*Présent*	
Ich hab-e	J'ai	Ich hab-e	Que j'aie
Du hast	Tu as	Du hab-est	Que tu aies
Er hat	Il a	Er hab-e	Qu'il aie
Wir hab-en	Nous avons	Wir hab-en	Que nous ayons
Ihr hab-t	Vous avez	Ihr hab-et	Que vous ayez
Sie hab-en		Sie hab-en	
Sie hab-en	Ils ont	Sie hab-en.	Qu'ils aient

INDICATIF		SUBJONCTIF	
Imparfait		*Imparfait*	
Ich hatte	J'avais	Ich hätte	Que j'eusse *ou* j'aurais
Du hattest	Tu avais	Du hättest	Que tu eusses *ou* tu aurais
Er hatte	Il avait	Er hätte	Qu'il eût *ou* aurait
Wir hatten	Nous avions	Wir hätten	Que nous eussions *ou* nous aurions
Ihr hattet	Vous aviez	Ihr hättet	Que vous eussiez *ou* vous auriez
Sie hatten		Sie hätten	
Sie hatten	Ils avaient	Sie hätten	Qu'ils eussent *ou* ils auraient

Le participe présent se forme en ajoutant la terminaison d au présent de l'infinitif.

Répétons que le participe passé se forme avec le *radical* du verbe auquel on ajoute la terminaison et ou t, et que l'on fait précéder du préfixe ge.

Nous avons vu toutes les formes du verbe régulier; il nous reste à revoir rapidement dans un tableau les différentes terminaisons.

Terminaisons des verbes réguliers.

INDICATIF PRÉSENT				SUBJONCTIF PRÉSENT			
Sing	1er *pers.*		e	*Sing.*	1re *pers.*		e
	2e	—	(e)ſt		2e	—	eſt
	3e	—	(e)t		3e	—	e
Plur	1re *pers.*		en	*Plur.*	1re *pers.*		en
	2e	—	(e)t		2e	—	et
	3e	—	en		3e	—	en

IMPARFAIT

De l'indicatif				*Du subjonctif*
Singulier	1re *pers.*		(e)te	Les terminaisons sont les mêmes qu'à l'imparfait de l'indicatif.
	2e	—	(e)teſt	
	3e	—	(e)te	
Pluriel	1re *pers.*		(e)ten	
	2e	—	(e)tet	
	3e	—	(e)ten	

IMPÉRATIF

Singulier	2e *pers.*		e	
	3e	—	e	..... avec le pronom
Pluriel	1re *pers.*		en	..... avec le pronom
	2e	—	et	
	3e	—	en	..... avec le pronom

Les remarques suivantes ont déjà été faites; mais comme elles sont très importantes, nous jugeons utile de les répéter.

La *troisième* personne du singulier du *présent de l'indicatif* est la seule où il y ait la terminaison t. A tous les autres temps, elle est terminée par e. Si nous tenons compte de cette seule et unique exception, nous pourrons donc dire que dans tout verbe régulier :

1° La *première* personne du *singulier* est semblable à la *troisième* aux temps simples.

2° La *première* personne du *pluriel* est *toujours* semblable à la *troisième*.

3° La terminaison de la *première* personne du *pluriel* et de la *troisième* est celle de l'*infinitif*. Ex. :

Kaufen	acheter	wir / sie	kaufen
Arbeiten	travailler	wir / sie	arbeiten

Cette terminaison en ou n aux premières et troisièmes personnes du pluriel se retrouve à tous les temps, même dans les verbes irréguliers, sauf sein, et nous verrons plus tard qu'elle se retrouve aussi dans les verbes forts.

L'impératif n'a en réalité que deux formes qui lui appartiennent. Ce sont :

La *deuxième* personne du singulier kaufe.

La *deuxième* personne du plusiel kaufet.

Les autres personnes sont empruntées au subjonctif présent. La première personne du pluriel est le plus souvent remplacée par une périphrase, comme :

Nous voulons
Nous devons } acheter.

On traduit par une périphrase équivalente :

Wir wollen
Wir sollen
Wir müssen } Kaufen.

On doit se demander pourquoi on a recours à ces périphrases qui alourdissent et allongent la phrase, alors que toujours on cherche au contraire à l'alléger le plus possible.

Nous allons en donner la raison.

Dans les exercices antérieurs, nous n'avons pas jugé nécessaire de prévenir le lecteur que, dans les phrases *interrogatives*, le pronom se met après le verbe. C'est ainsi que cela se passe en français, et on a dû, sans hésitation, faire de même en allemand.

Achètes-tu? se traduit par : kaufst du? cela va de soi. Il n'y a qu'une légère différence qu'il est bon de signaler : les Allemands *ne mettent pas de trait d'union* entre le verbe et le pronom.

Achetons-nous? se traduira par : kaufen wir?

Or, nous venons de voir que *achetons* se dit : kaufen wir.

Quelle est la différence entre les deux formes?

Par quel moyen peut-on les distinguer?

A la lecture, c'est le point d'interrogation qui peut nous guider, et il ne se trouve souvent que très loin, à la fin de la phase.

Dans la conversation, c'est l'*intonation* seule qui pourra nous faire éviter une confusion.

Ces deux moyens sont insuffisants et n'empêcheraient pas toujours les erreurs; voilà pourquoi, à la première personne du pluriel, on préfère très souvent employer une périphrase, quoiqu'elle allonge la phrase : la clarté l'exige.

PLACE DES PRONOMS **le, la, les** (*compléments directs*).

Dans les exercices précédents, nous avons déjà employé les pronoms *le, la, les*, et nous avons indiqué, entre parenthèses, la place qu'ils devaient occuper; en attendant l'occasion de donner la règle complète pour tous les pronoms, nous croyons utile de dire, dès maintenant, que ces petits mots se placent en allemand *toujours après le verbe*. Ex. :

Je le loue (allemand : je loue lui), ich lobe ihn.
Je les achète (allemand : j'achète eux), ich kaufe sie.

Il faut prendre garde de traduire toujours *le* par ihn, *la* par sie; le neutre es doit être employé aussi à l'occasion; le genre du substantif français n'indique pas toujours, il indique même très rarement, le genre du substantif correspondant en allemand. Ex. :

Demande : Achetez-vous cette table?
Réponse : Je l'achète (j'achète elle).

Et cependant le mot : der Tisch est masculin en allemand, et il faudra traduire : ich kaufe ihn (et non : ich kaufe sie).

Louez-vous cette maison?
Je la loue (je loue elle).

Das Haus étant un substantif neutre, il faudra traduire : ich miethe es (et non : ich miethe sie).

Il faut donc résister à la tendance naturelle qu'ont les commençants de traduire toujours *le* par ihn, *la* par sie, et se reporter chaque fois au genre du substantif en allemand, sans s'inquiéter de genre qu'il a en français.

PLACE DE L'INFINITIF

De même que le participe passé, l'infinitif se place après tous les complément ou, autrement dit, *à la fin* de la phase. Le futur et le conditionnel passés { ich werde / ich würde } gekauft haben nous font voir que si un participe passé et un infinitif se trouvent dans la même proposition, c'est l'*infinitif* qui occupe la *dernière* place et le *participe passé* qui occupe l'*avant-dernière*.

Les compléments de toute sorte se placent entre l'auxiliaire du verbe et l'infinitif ou le participe.

EXERCICES SUR LES VERBES

Futur, *conditionnel* et *Impératif*

On trouvera dans la prochaine leçon le corrigé de la version et du thème de la dizième leçon.

NOTA. — Ne pas oublier que le participe et l'infinitif doivent être placés les derniers dans la proposition.

VERSION

Wir werden es nie kaufen. — Wirst du es je kaufen?

Er würde ihn nie kaufen. — Ihr würdet ihn schon gekauft haben.

Wird er sie immer kaufen? — Kaufe nicht mehr.

Kaufen wir es heute? — Kaufet. — Lasset uns heute kaufen.

Wer hat hier ein Haus gebaut? — Wirst du es hier bauen?
Wann wirst du es gebaut haben? — Würde er es nicht bauen?
Warum hat er es noch nicht gebaut? — Baue er!
Wo wird er es bauen? — Was wird er morgen machen?
Wann wirst du es gemacht haben? — Mache es noch nicht.
Lasset uns machen! — Ihr würdet es heute gemacht haben.
Wird er es schon gekehrt und gereinigt haben?
Er wird heute das Haus kehren und reinigen.
Wir werden es noch nicht reinigen.
Du wirst gut zeichnen. — Werden wir niemals gut zeichnen?
Er zeichnet und malt gut. — Du würdest nicht besser gezeichnet haben, als er.
Du würdest besser gearbeitet haben, als er. — Er wird nie so gut arbeiten, als du.
Würdest du besser arbeiten, als er. — Arbeitet immer gut.
Er würde das Kleid gebürstet haben. — Sie wird es nicht bürsten.
Würdest du es besser gebürstet haben?
Wann wirst du mein Kleid bürsten?
Wir werden die Thür öffnen. — Öffne die Thür.
Lasset uns die Thür öffnen.
Sie wird heute das Zimmer miethen.
Ich würde es gemiethet haben. — Wir werden es nie miethen.

THÈME.

Il achètera. — L'achèterez-vous? (achèterez-vous lui? (es).
Je n'achèterais pas. — Nous n'aurions plus acheté.
Achèteront-ils? — Qu'il achète. — Qu'ils achètent.
Pourquoi a-t-on bâti? — Bâtirez-vous?
Quand aurez-vous bâti? — Il n'aura pas encore bâti.
Vous n'avez jamais aimé. — Elle ne le (es) fera plus).
Nous ne ferons pas. — Je ne le ferais pas mieux.
Quand le (es) fera-t-il? — Tu ne le feras jamais.
Tu ne l'aurais jamais fait. — Que fera-t-il?
Aurait-il fait cela aujourd'hui? — Vous ne l'auriez pas fait hier.

Balaieras-tu aujourd'hui ? — Elle ne nettoie pas encore.
Nous nettoierons demain. — Vous balaierez mieux.
Elle ne nettoierait jamais. — Nettoyez toujours.
Nettoyez-vous jamais? — Quand balaiera-t-elle?
Vous ne dessinez pas bien.
Tu dessinerais mieux. — Il ne dessinera jamais bien.
Je ne peindrai pas encore. — Il ne peindrait pas aussi bien que toi (als du).
Il ne brossera pas. — J'aurais mieux brossé.
Je brosserais aussi bien que lui (als er). — Il ouvrira.
Nous aimerons toujours. — Tu honoreras toujours.
Vous estimeriez. — Ils loueraient. — Qui ornera?
Nous chaufferons. — Il badigeonnera.
Qui a blanchi? — Quand blanchira-t-on? — Aura-t-on badigeonné?

Ne pas oublier que l'infinitif et le participe se placent avant *que* (als) quand le mot qui le suit est *sujet* d'une phrase dont le verbe est sous-entendu.

Onzième leçon

CORRIGÉS DES EXERCICES DE LA 10e LEÇON

Corrigé de la Version

Nous ne l'achèterons jamais. — L'achèteras-tu jamais?
Il ne l'achèterait jamais. — Vous l'auriez déjà acheté.
L'achètera-t-il toujours? — N'achète plus.
L'achetons-nous aujourd'hui? — Achetez. — Achetons aujourd'hui.
Qui a bâti une maison ici? — Le (*ou* la) bâtiras-tu ici?
Quand l'auras-tu bâtie? — Ne la bâtirait-il pas?
Pourquoi ne l'a-t-il pas encore bâtie? — Qu'il bâtisse

Où le (*ou* la) bâtira-t-il? — Que fera-t-il demain?
Quand l'auras-tu fait? — Ne le fais pas encore.
Faisons. — Vous l'auriez fait aujourd'hui.
L'aura-t-il déjà balayée et nettoyée?
Il balaiera et nettoiera aujourd'hui la maison.
Nous ne le (*ou* la) nettoierons pas encore.
Tu dessineras bien. — Ne dessinerons-nous jamais bien?
Il dessine et peint bien. — Tu n'aurais pas mieux dessiné que lui.
Tu aurais mieux travaillé que lui.
Il ne travaillera jamais aussi bien que toi.
Travaillerais-tu mieux que lui? — Travaillez toujours bien.
Il aurait brossé l'habit. — Elle ne le brossera pas.
L'aurais-tu mieux brossé? — Quand brosseras-tu mon habit?
Nous ouvrirons la porte. — Ouvre la porte.
Ouvrons la porte. — Elle louera la chambre aujourd'hui.
Je l'aurais louée. — Nous ne la louerons jamais.

Corrigé du Thème

Er wird kaufen.
Werdet Ihr es kaufen?
Ich würde nicht kaufen.
Wir würden nicht mehr gekauft haben.
Werden sie kaufen?
Er kaufe.
(Daß) Sie kaufen.
Warum hat man gebaut?
Werdet Ihr bauen?
Wann werdet Ihr gebaut haben?
Er wird noch nicht gebaut haben.
Ihr habt nie geliebt.
Sie wird es nicht mehr machen.
Wir werden nicht machen.
Ich würde es nicht besser machen.
Wann wird er es machen?

Du wirst es nie machen.
Du würdest es nie gemacht haben.
Was wird er machen?
Würde er es heute gemacht haben?
Ihr würdet es gestern nicht gemacht haben.
Wirst du heute kehren?
Sie reinigt noch nicht.
Wir werden morgen reinigen.
Ihr werdet besser kehren.
Sie würde niemals reinigen.
Reiniget immer.
Reiniget Ihr je?
Wann wird sie kehren?
Ihr zeichnet nicht gut.
Du würdest besser zeichnen.
Er wird nie gut zeichnen.
Du würdest besser zeichnen.
Er wird nie gut zeichnen.
Ich werde noch nicht malen.
Er würde nicht so gut malen, als du.
Er wid nicht bürsten.
Ich würde besser gebürstet haben.
Ich würde so gut bürsten als er.
Er wird öffnen.
Wir werden immer lieben.
Du wirst immer ehren.
Ihr würdet schätzen.
Sie würden loben.
Wir werden wärmen.
Er wird tünchen.
Wer hat geweißt?
Wann wird man tünchen?
Wird man getüncht haben?

Parfait		*Parfait*	
Ich habe gehbat	J'ai eu	Ich habe gehabt	Que j'aie eu
Du hast gehabt	Tu as eu	Du habest gehabt	Que tu aies eu
Er hat gehabt	Il a eu	Er habe gehabt	Qu'il aie eu
Wir haben gehabt	Nous avons eu	Wir haben gehabt	Que nous ayons eu
Ihr habt gehabt	Vous avez eu	Ihr habet gehabt	Que vous ayez eu
Sie haben gehabt		Sie haben gehabt	
Sie haben gehabt	Ils ont eu	Sie haben gehabt	Qu'ils aient eu

FUTUR

Futur simple		*Subjonctif futur*	
Ich werde haben	J'aurai	Ich werde haben	Que j'aurai *ou* que j'aie
Du wirst haben	Tu auras	Du werdest haben	
Er wird haben	Il aura	Er werde haben	
Wir werden haben	Nous aurons	Wir werden haben	Que nous aurons *ou* que nous ayons
Ihr werdet haben	Vous aurez	Ihr werdet haben	
Sie werden haben	Ils auront	Sie werden haben	

Futur passé ou *antérieur*

Ich werde gehabt haben	Que j'aie eu, que j'aurai eu
Du wirst gehabt haben	Que tu auras eu
Er wird gehabt haben	Qu'il aura eu
etc.	etc.
Voir le verbe Kaufen	

Subjonctif futur passé

Ich werde gehabt haben	Que j'aie eu, que j'aurai eu
Du werdest gehabt haben	Que tu auras eu
Er werde gehabt haben	Qu'il aura eu
etc.	etc.

CONDITIONNEL

Présent

Ich würde haben	J'aurais *ou* ich hätte
Du würdest haben	Tu aurais *ou* du hättest
Er würde haben	Il aurait *ou* er hätte
Wir würden haben	Nous aurions, etc.
Ihr würdet haben Sie würden haben	Vous auriez
Sie würden haben	Ils auraient

Passé

Ich würde gehabt haben	J'aurais eu *ou* ich hätte gehabt
Du würdest gehabt haben	Tu aurais eu *ou* du hättest gehabt
Er würde gehabt haben	Il aurait eu *ou* er hätte gehabt
Wir würden gehabt haben	Nous aurions eu, etc.
Ihr würdet gehabt haben Sie würden gehabt haben	Vous auriez eu
Sie würden gehabt haben	Ils auraient eu

IMPÉRATIF

Habe	Aie
Habe er	Qu'il aie
Haben wir Lasset uns haben	Ayons
Wir wollen Wir sollen Wir müssen	haben : Ayons
Habet Haben Sie	Ayez
Haben sie	Qu'ils aient

INFINITIFS

Présent : haben, avoir *Passé :* gehabt haben, avoir eu

PARTICIPES

Présent : habend, ayant *Passé :* gehabt, eu

Remarques sur le verbe Haben.

Le verbe haben est presque entièrement régulier. Si nous examinons les différents temps, nous constaterons que les seuls où se rencontrent quelques irrégularités sont :

L'Indicatif présent. — 2e personne du singulier : du hast, au lieu de : du habst.
3e personne du singulier : er hat, au lieu de : er habt.

Le verbe haben étant très usité, on comprend que l'usage ait amené la suppression du b, qui rendrait la prononciation plus difficile. Prononcez : du habst gekauft et comparez avec du hast gekauft.

L'Imparfait de l'Indicatif. — A toutes les personnes, le b du radical a été remplacé par un t ; on dit : ich hatte pour ich habte ; la prononciation des deux consonnes bt est assez pénible, et on a obéi à une tendance naturelle en remplaçant le b par un t, ce qui nous donne une consonne double d'une prononciation rapide et facile.

L'Imparfait du Subjonctif a l'un des caractères de la conjugaison forte dans l'inflexion de la voyelle radicale a, de l'imparfait de l'indicatif. Ici, l'imparfait de l'indicatif est différent de l'imparfait du subjonctif, ce qui va nous permettre d'exposer la règle suivante :

EMPLOI DE L'IMPARFAIT DU SUBJONCTIF AU LIEU DU CONDITIONNEL

Nous avons fait remarquer que le futur et le conditionnel, en allemand, sont des temps composés ; que leur emploi alourdit la phrase, en complique la construction, et que les Allemands évitent d'employer ces deux temps toutes les fois que cela leur est possible. Dans la langue latine, le conditionnel n'existait pas et était remplacé par l'imparfait du subjonctif; ainsi, nous ne trouverions en latin qu'une seule forme pour traduire : *j'achèterais* et *que j'achetasse*. En allemand, l'imparfait du subjonctif est synonyme du conditionnel. Dans les verbes réguliers, ich kaufte pourrait se traduire des trois façons suivantes:

J'achetais, que j'achetasse, *et aussi :* j'achèterais.

Mais, à cause de la ressemblance complète de l'imparfait de l'indicatif et du subjonctif, on évite le plus souvent de s'en servir pour le conditionnel. Dans les verbes réguliers, *j'achèterais* se traduira donc plutôt par : ich würde kaufen que par : ich kaufte, à cause de la clarté.

La même raison n'existe pas pour le verbe haben (ni pour les verbes forts en général, comme nous le verrons plus tard). Ich hätte pourra donc se traduire par :

Que j'eusse *ou* j'aurais.

Pour les mêmes motifs, le *plus-que-parfait* du subjonctif remplacera le conditionnel *passé*, dans tous les verbes qui ont l'auxiliaire haben.

Ich hätte gehabt signifiera : Que j'eusse eu *ou* j'aurais eu.
Ich hätte gekauft — Que j'eusse acheté *ou* j'aurais acheté.

VERSION

Er tadelte ihn (le, lui). — Er hat ihn geprügelt.
Wir haben ihn getadelt. — Tadeln Sie ihn?
Haben Sie ihn geprügelt? — Er wird ihn tadeln.
Wir würden ihn tadeln. — Er hatte sie (eux, les) getadelt.
Werden Sie ihn prügeln? — Wer hat Sie getadelt?
Ich hätte Sie getadelt. — Man würde Sie getadelt haben.
Hast du es geliefert? — Hatten Sie es schon geliefert?
Werden Sie es geliefert haben? — Liefre es.
Ich würde es liefern? — Liefern Sie es?
Haben Sie es geändert? — Ich ändre es.
Er änderte es immer. — Hat er es oft geändert?
Man wird es ändern. — Würden Sie es ändern?

Ich hätte es geändert. — Würdest du es geändert haben?

Hättest du das Haus gemiethet? Wer hätte es gemiethet?

Wer hätte ihn getadelt? — Du hättest ihn nicht getadelt.

Wir hätten niemals ein Haus da gebaut.

Mein Vater würde ein Haus kaufen. — Hätten Sie mein Gemälde gekauft?

Würde er es kaufen? — Hat er es oft gehabt?

Hat man die Häuser getüncht?

Wir haben sie (les, eux *ou* elles) schon getüncht.

Welche Häuser hättest du gemiethet? — Ich würde es nicht gemiethet haben.

Dein Vater hätte es nicht gemacht.

Sein Sohn hatte nicht so gut gearbeitet, als du. — Hättest du es besser gemacht, als mein Vater? — Sie hatte es schon gestern gemacht.

Ich würde es so gut machen, als Sie. — Er arbeitete noch immer.

Sie arbeiteten immer besser, als ich.

Du hättest nicht gut gearbeitet; ich habe dich nicht gelobt.

Liebte er ihn? — Er würde ihn geliebt haben; aber er arbeitete niemals gut.

Warum hätte sie ihn nicht geliebt und gelobt?

Er hat niemals so gut gearbeitet, als mein Sohn.

THÈME

Nous croyons utile de répéter encore les deux règles fondamentales de ces exercices :

1° Le *participe passé* (au parfait et au plus-que-parfait) et l'*infinitif* (au futur et au conditionnel) sont toujours *rejetés* après les compléments, c'est-à-dire *à la fin de la phrase*.

2° Les pronoms compléments (es, ihn, sie, Sie), qui, en français, se mettent *avant* le verbe, se mettent en allemand *après* le verbe, comme tous les autres compléments, dans la proposition principale.

1. — Mon père a blâmé mon frère (*acc. compl. direct*).
2. — On vous a blâmé (on a vous blâmé).
3. — Qui est-ce qui a blâmé mon fils?
4. — Il ne loue pas toujours ses fils; il les blâme (eux) souvent.
5. — Qu'aurais-tu fait?

6. — L'eusses-tu fait ? (Eusses-tu cela fait ?)
7. — Quand avez-vous changé cela ?
8. — Nous avons changé cela.
9. — Qu'est-ce que vous auriez changé ?
10. — Quand louerez-vous votre maison ?
11. — Les maçons ont bâti les murs; les plâtriers les ont badigeonnés (ont eux badigeonné).
12. — Quel enfant n'honorerait et n'aimerait pas ses parents ?
13. — Aime et honore ton père et ta mère.
14. — Tu honoreras tes parents.
15. — Un enfant ne travaillait pas bien; il n'aimait pas ses parents.
16. — Nous n'estimons pas (cet dieses) enfant; il n'aime pas ses parents.
17. — Tu n'embrasseras pas cet enfant (tu vas pas cet enfant...)
18. — L'as-tu déjà embrassé ? (*Tournez :* As-tu lui déjà embrassé ?)
19. — Je l'aurais embrassé (j'aurais ou j'eusse lui embrassé).
20. — Ils l'ont battu.
21. — Qui t'a battu ? (a toi battu ?)
22. — Pourquoi vous a-t-on battu ? (a-t-on vous battu ?)
23. — Mon père ne me battait jamais (battait moi mich jamais).
24. — Ne bats jamais tes enfants.
25. — Quand livrerez-vous les chaises et le (*acc.*) fauteuil ?
26. — Qui a fait ton lit et ton armoire ?
27. — On a livré hier une (*acc. masc.*) table et un (*acc. masc.*) fauteuil.
28. — J'achèterai (des) tableaux.
29. — Où avez-vous acheté ce dessin ? — Je l'ai acheté ici (j'ai lui ici acheté.
30. — Il avait un lit, une chaise et une table.
31. — Avez-vous acheté un fauteuil ?
32. — On nettoiera le plancher aujourd'hui.
33. — On a blanchi le plafond hier.
34. — On avait chauffé ma chambre.
35. — Vous chaufferez ma chambre.
36. — Brossez mieux mes habits.
37. — La servante a nettoyé ma chambre hier.
38. — Quand nettoierez-vous sa chambre ?
39. — As-tu embrassé ton oncle (*acc.*) et ta tante ?
40. — Aimez toujours vos parents, votre frère et votre sœur (*acc.*).
41. — Travaillerez-vous mieux demain ?

Treizième leçon

CORRIGÉS DES EXERCICES DE LA 12e LEÇON

Corrigé de la Version

Il le blâmait (*ou* blâma). — Il l'a battu (à coups de bâton).
Nous l'avons blâmé. — Le blâmez-vous?
L'avez-vous battu? — Il le blâmera.
Nous le blâmerions. — Il les avait blâmés.
— Le battrez-vous? — Qui vous a blâmé?
Je vous aurais (je vous eusse) blâmé. — On vous aurait (ou vous eût) blâmé
L'as-tu livré? (As-tu livré cela?) — L'aviez-vous déjà livré?
L'aurez-vous livré? — Livre-le.
Je le livrerais. — Livrez-le.
L'avez-vous changé? (Avez-vous changé cela?) — Je le change.
Il le changeait toujours. — L'a-t-il changé souvent?
On le changera. — Le changeriez-vous?
Je l'aurais (je l'eusse) changé. — L'aurais-tu changé? (Eusses-tu?)
Aurais-tu loué la maison? — Qui l'eût louée?
Qui l'aurait blâmé? (Qui l'eût). — Tu ne l'aurais pas blâmé.
Nous n'aurions (n'eussions) jamais bâti une maison là.
Mon père achèterait une maison. — Eussiez-vous acheté mon tableau?
L'achèterait-il? — L'a-il eu souvent?
A-t-on badigeonné les maisons? (Tünchen.) Nous les avons déjà badigeonnées.
Quelles maisons avais-tu louées? — Je ne l'aurais (je l'eusse) pas louée.
Ton père ne l'aurait pas fait (n'aurait pas fait cela).
Son fils n'avait pas aussi bien travaillé que toi.
L'aurais-tu mieux fait que mon père? — Elle l'avait déjà fait hier.
Je le ferais aussi bien que vous. — Il travaillait encore (*ou* toujours).
Vous travailliez toujours mieux que moi.
Tu n'avais pas bien travaillé; je ne t'ai pas fait d'éloges (loué).

L'aimait-il? (Lui.) — Il l'aurait aimé; mais il ne travaillait jamais bien.

Pourquoi ne l'aurait-elle pas aimé et loué?

Il n'a jamais aussi bien travaillé que mon fils.

Corrigé du Thème

1. Mein Vater hat meinen Bruder getadelt.
2. Man hat Sie getadelt. — 3. Wer hat meinen Sohn getadelt?
4. Er lobt nicht immer seine Söhne; er tadelt sie oft.
5. Was hättest du gemacht? — 6. Hättest du es gemacht?
7. Wann haben Sie das geändert? — 8. Wir haben das geändert.
9. Was hätten Sie geändert? — 10. Wann werden Sie Ihr Haus miethen?
11. Die Maurer haben die Mauern gebaut; die Tüncher haben sie getüncht.
12. Welches Kind würde seine Eltern nicht lieben und ehren?
13. Liebe und ehre deinen Vater und deine Mutter.
14. Du wirst deine Eltern ehren. — 15. Ein Kind arbeitete nicht gut; es liebte seine Eltern nicht.
16. Wir schätzen dieses Kind nicht; es liebt seine Eltern nicht.
17. Du wirst nicht dieses Kind küssen. — 18. Hast du es schon geküßt?
19. Ich hätte ihn geküßt — 20. Sie haben ihn geprügelt.
21. Wer hat dich geprügelt? — 22. Warum hat man Sie geprügelt?
23. Mein Vater prügelte mich niemals. — 24. Prügle nie deine Kinder.
25. Wann werden Sie die Stühle und den Lehnstuhl liefern?
26. Wer hat dein Bett und deinen Schrank gemacht?
27. Man hat gestern einen Tisch und einen Lehnstuhl geliefert.
28. Ich werde Gemälde kaufen.
29. Wo haben Sie diese Zeichnung gekauft? Ich habe sie hier gekauft.
30. Er hatte ein Bett, einen Stuhl und einen Tisch.
31. Haben Sie einen Lehnstuhl gekauft? — 32. Man wird heute den Fußboden reinigen. — 33. Man hat gestern die Zimmerdecke geweißt.
34. Man hatte mein Zimmer gewärmt. — 35. Sie werden mein Zimmer wärmen. — 36. Bürsten Sie besser meine Kleider.
37. Die Magd hat mein Zimmer gestern gereinigt.
38. Wann werden Sie sein Zimmer reinigen?
39. Hast du deinen Onkel und deine Tante geküßt?
40. Lieben Sie immer Ihre Eltern, Ihren Bruder und Ihre Schwester?
41. Werden Sie morgen besser arbeiten?

DIVISION DES MOTS EN CLASSES

Mots variables et invariables

Nous trouvons en allemand, comme en français, neuf classes de mots. Ce sont :

Le *Verbe*. L'*Article*. Le *Substantif*. L'*Adjectif*. Le *Pronom*.	Mots variables.
L'*Adverbe*. La *Préposition*. La *Conjonction*. L'*Interjection*.	Mots invariables

Quelques grammairiens allemands comptent encore une dixième espèce de mot : le *Nom de nombre*.

Parmi ces mots, les *cinq* premiers : verbe, article, substantif, adjectif, pronom, sont *variables* et se modifient suivant le rôle qu'ils jouent dans la phrase.

Les leçons précédentes nous ont déjà donné quelques aperçus au sujet des modifications que subissent certains mots. Nous avons vu, par exemple, que der devenait den si le substantif était complément direct, que ein devenait einen, etc.

Les changements que peuvent subir les mots variables se résument en deux mots :

Conjugaison pour les verbes ;

Déclinaison pour les autres mots (article, substantif, adjectif, pronom).

Remarque. — Nous ne parlerons pas aujourd'hui d'une *troisième* modification propre aux adjectifs et aux adverbes, et qui consiste à marquer certains degrés de la comparaison (*comparatif de supériorité* et *superlatif relatif*) à l'aide de terminaisons particulières. Elles trouveront naturellement leur place à la suite de la déclinaison des adjectifs.

Nous connaissons actuellement la *conjugaison régulière* ; le moment est venu de parler de la *déclinaison*. Il n'existe rien de semblable en français ; c'est pourquoi nous croyons ut[illegible]er quelques explications sur le rôle de la déclinaison et sur les services qu'elle peut rendre dans une langue.

DÉCLINAISON

La déclinaison a pour but d'*indiquer, à l'aide des modifications qu'elle fait subir au mot décliné, le rôle que ce mot joue dans la phrase.*

Nous devons pouvoir reconnaître, à l'aspect extérieur du mot, s'il est *sujet* ou *complément*, s'il est complément *direct* ou *indirect, quelle que soit la place occupée par lui dans la phrase;* la déclinaison nous indique également si le mot est au singulier ou au pluriel.

La langue française ne se sert pas de la déclinaison, et cependant, plus que toutes les langues, elle arrive à la clarté; mais elle a recours à un procédé différent. Prenons un exemple :

Un père aime toujours son fils.

Je sais de suite, en lisant cette phrase, que *un père* est le sujet du verbe et que *son fils* et complément direct. Comment ai-je pu le savoir? Par la *place* que les mots occupent dans la construction. Nous avons en français une règle fixe : c'est que le sujet *précède* le verbe et que le complément le *suit*. Traduisons cette même phrase en allemand. Nous dirons :

1° Ein Vater liebt immer seinen Sohn

Ce qui comprend sans difficulté.

Supposons que nous ayons placé les mots dans un autre ordre, et que nous ayons dit :

2° Seinen Sohn liebt immer ein Vater

Le sens aurait été le même, et la phrase se serait traduite en français comme la précédente.

A quoi avons-nous reconnu dans la seconde phrase : un père aime toujours son fils, que seinen Sohn, placé en tête, là ou nous mettons toujours le sujet, était néanmoins un complément direct? A la terminaison en de sein; elle nous fait voir immédiatement que les mots seinen Sohn, malgré la place qu'il occupent, sont le complément direct du verbe, et non pas le sujet. Tels sont les avantages de la déclinaison.

La langue allemande possède à ce point de vue une certaine supériorité sur notre langue; nous pouvons le reconnaître, car nous avons eu, et nous aurons encore plus d'une fois l'occasion de formuler des critiques et de faire des comparaisons à l'avantage du français. La déclinaison nous permet en allemand de mettre à la tête de la phrase un complément sur lequel nous voulons appeler l'attention, ce à quoi nous n'arrivons dans notre langue qu'à l'aide d'une périphrase, comme dans la phrase suivante :

Meinen Bruder tadelte mein Vater gestern

Si nous traduisons simplement :

Mon père a blâmé mon frère hier,

nous n'aurons pas rendu exactement toute la pensée ; nous sommes obligés d'avoir recours à la périphrase suivante :

C'est mon frère *que* mon père a blâmé hier

Nous reparlerons de cette question à propos de la construction de la phrase.

La déclinaison était assez riche dans les langues anciennes ; ses terminaisons étaient nombreuses et variées. Elle a presque entièrement disparu des langues modernes, et l'allemand seul en a conservé une image bien affaiblie.

Une déclinaison, pour être complète et répondre véritablement au but qu'elle doit atteindre, devrait avoir une terminaison différente pour chacun des mots qui entrent dans une phrase (en exceptant, naturellement, le verbe et en n'oubliant pas qu'il y a des mots invariables). Elle devrait permettre de distinguer nettement le sujet des compléments, et les différents compléments les uns des autres (le complément direct des compléments indirects, le complément du substantif du complément indirect d'un verbe).

L'étude des déclinaisons nous fera voir combien l'allemand est loin de posséder toutes les formes nécessaires ; il tient le milieu entre les langues anciennes ou synthétiques et les langues modernes ou analytiques dont il est, d'ailleurs, beaucoup plus rapproché.

En dehors de l'avantage réel expliqué plus haut, la langue allemande trouve dans la déclinaison une complication quelquefois inutile des formes grammaticales. Si l'on entend dire bien souvent que l'allemand est difficile, si l'on voit tant d'élèves rebutés dès les premières leçons, cela tient uniquement à la déclinaison, qui effraie les commençants par sa nouveauté. Que de fois on nous a fait le raisonnement suivant :

« Je ne pourrai jamais apprendre l'allemand : c'est trop difficile ; il y
» a trop de déclinaisons à apprendre :
» Déclinaison de l'article défini,
» Déclinaison de l'article indéfini,
» Triple déclinaison de l'adjectif,
» et, pour couronner le tout : Déclinaison des substantifs au singulier et
» au pluriel.

» Jamais je ne pourrai me reconnaître dans ce dédale de déclinaisons. »

Nous voudrions prémunir ceux qui nous lisent contre ce découragement. Si l'énumération des différents mots déclinables est assez longue, les déclinaisons elles-mêmes sont *simples*. La difficulté n'est qu'apparente; cette variété que l'on redoute n'existe pas. L'article défini, l'article indéfini, l'adjectif, le substantif ne forment pas autant de groupes de déclinaisons différentes, ayant leurs terminaisons spéciales.

Nous allons étudier l'*article défini*, et, *à lui seul*, il nous donnera *toutes* les terminaisons usitées pour les autres mots déclinables. Il les contient, il les résume toutes. Bien le connaître, c'est connaître *en germe* la déclinaison allemande. Sans cesse, nous aurons à reparler de l'article, et toujours nous aurons à rappeler ses différentes formes; il est donc absolument indispensable de l'apprendre parfaitement et de le connaître si bien, qu'on ne puisse jamais hésiter sur aucune de ses terminaisons.

On appelle *cas* les différentes formes que prend le mot, suivant la fonction qu'il remplit dans la proposition :

Il y a quatre cas :

1° Le *Nominatif*. . . Cas du sujet et de l'attribut.

2° Le *Génitif* . . . . . Cas du complément du substantif. (Ceux-ci sont précédés en français de la préposition *de*.)

3° Le *Datif* . . . . . . Cas du complément indirect des verbes. (Ils sont précédés en francais de la préposition *à*.)

4° L'*Accusatif* . . . . Cas des compléments directs des verbes actifs. (Ils ne diffèrent pas du sujet dans notre langue.)

Nota. — Les prépositions sont toujours suivies d'un cas autre que le nominatif (génitif, datif, accusatif). Quand on lira, par exemple, que telle préposition *gouverne* le datif, cela signifiera que le mot dont elle est suivie doit se mettre au datif.

Réciter de suite les quatre cas d'un mot, cela s'appelle *décliner*.

Quatorzième leçon

Déclinaison de l'article défini der, die, das, le,

	SINGULIER								PLURIEL	
	Masculin.			*Féminin.*		*Neutre.*			*Pour les trois genres.*	
Nominatif.	der	le		die	la	das	le		die	les
Génitif. .	des	du	(pour de le)	der	de la	des	du	(pour de le)	der	des
Datif . .	dem	au	(pour à le)	der	à la	dem	au	(pour à le)	den	aux
Accusatif.	den	le	(*comp. dir.*)	die	la	das	le		die	les

L'article défini étant un mot très usité et très ancien, ses terminaisons ont subi quelques altérations. Voici la déclinaison d'un mot qui a les désinences de l'article défini et qui possède complètes et non altérées les terminaisons que l'on est convenu d'appeler terminaisons de l'*article défini.*

Déclinaison de dieser, diese, dieses, ce, cet, celui-ci.

	SINGULIER		
	Masculin.	*Féminin.*	*Neutre.*
Nominatif.	dies=er, ce, celui-ci	dies=e, cette	dies=es, ce
Génitif . . .	dies=es, de ce	dies=er, de cette	dies=es, de ce
Datif.	dies=em, à ce	dies=er, à cette	dies=em, à ce
Accusatif	dies=en, ce	dies=e, cette	dies=es, ce

Pluriel pour les trois genres . . . . .
dies=e, ce
dies=er, de ces
dies=en, à ces
dies=e, ces

Les seules différences avec der, die, das sont les suivantes :

Au nominatif féminin et *aux trois autres cas semblables*, la terminaison est e et non pas ie, comme on aurait pu le croire d'après l'article die.

Au nominatif et *à l'accusatif du neutre*, la terminaison est es et non pas as, comme dans das.

A tous les autres cas, les terminaisons sont celle de der, die, das.

Tous les mots que nous indiquerons comme se déclinant sur l'article défini prendront les terminaisons de dieser; chaque fois que nous parlerons des *terminaisons de l'article défini*, il faudra se reporter au tableau suivant.

Tableau des terminaisons de l'article défini.

	SINGULIER			PLURIEL
	Masculin	*Féminin*	*Neutre*	*Pour les trois genres.*
Nominatif	— er	— e	— es	— e
Génitif	— es	— er	— es	— er
Datif	— em	— er	— em	— en
Accusatif	— en	— e	— es	— e

Voici les mots qui se déclinent sur l'article défini, c'est-à-dire ajoutent à leur radical les terminaisons du tableau précédent. Nous indiquons le radical :

Dies-er	ce...ci, cet, celui-ci
Jen-er	ce...là, celui-là
Welch-er	quel ? lequel ?
Jed-er	chaque
All-er	tout
Manch-er	maint, plus d'un
Solch-er	tel

VOCABULAIRE

Substantifs

der Mann	l'homme	die Männer
die Frau	la femme	die Frauen

die Tochter	la fille	die Töchter	
die Geschwister	les frères et sœurs		
das Arbeitszimmer	la chambre de travail	die Arbeitszimmer	
das Papier	le papier		
die Feder	la plume	die Federn	les plumes
der Federhalter	le porte-plume	die Federhalter	les porte-plume
die Tinte	l'encre	die Tinten	
das Tintenfaß	l'encrier	die Tintenfässer	
das Heft	le cahier	die Hefte	
das Buch	le livre	die Bücher	
das Lineal	la règle	die Lineale	
die Aufgabe	le devoir	die Aufgaben	
die Lection	la leçon	die Lectionen	
die Abschrift	la copie	die Abschriften	
der Bleistift	le crayon	die Bleistifte	
das Löschpapier	le papier buvard (*tiré de :* löschen, essuyer)		
das Papiermesser	le coupe-papier (*mot à mot :* couteau à papier)		
Lernen	apprendre		
Schicken	envoyer		
Zeigen	montrer		
Brauchen	employer, avoir besoin de		
Schenken	donner, faire cadeau de		
Legen	mettre (de façon que l'objet soit couché)		
Stellen	mettre, placer debout		
Suchen	chercher		
Endigen / Enden	finir, terminer		

Exercices sur le Génitif

Remarque. Au génitif, les substantifs masculins et neutres prennent la terminaison es ou s; quelques-uns, dont nous parlerons plus tard, prennent à tous les cas en ou n.

Les substantifs féminins restent invariables :

der Vater	le père	des Vaters	du père
das Haus	la maison	des Hauses	de la maison
die Frau	la femme	der Frau	de la femme (invar.)
der Mann	l'homme	des Mannes	de l'homme
das Messer	le couteau	des Messers	du couteau
die Abschrift	la copie	der Abschrift	de la copie (invariable)
der Onkel	l'oncle	des Onkels	de l'oncle
der Ofen	le poêle	des Ofens	du poêle

On voit que les substantifs terminés en el, en, er prennent seulement la terminaison s; pour les autres, on ajoute généralement es.

VERSION

1. Der Mann dieser Frau. — 2. Der Vater dieses Kindes
3. Die Tochter der Magd. — 4. Das Papier des Heftes.
5. Die Magd des Großvaters. — 6. Der Bleistift jenes Kindes.
7. Das Arbeitszimmer des Onkels. — 8. Der Sohn des Vetters.
9. Die Stühle der Zimmer. — 10. Die Hefte der Kinder.
11. Der Ofen des Hauses. — 12. Die Zimmer dieser Häuser.
13. Die Thüren dieser Häuser. — 14. Die Bilder der Cousine.
16. Die Zeichnungen der Tante. — 16. Die Eltern dieser Magd.
17. Das Feuer des Ofens. — 18. Die Mauern manches Hauses.
19. Das Holz des Kamins. — 20. Die Aufgaben dieser Kinder.
21. Das Lineal dieses Kindes.

THÈME

1. La maison de l'oncle. — 2. Les maisons de l'oncle.
3. Le tableau du cousin. — 4. Les tableaux des cousins.
5. Les oncles des enfants. — 6. L'oncle de cet enfant.
7. Le fauteuil du grand-père. — 8. La table de la grand'mère.
9. Les enfants de cet homme. — 10. Les cheminées des maisons.
11. Le poêle de cette chambre. — 12. Les dessins de la sœur.
13. La serrure de la porte. — 14. Les serrures des portes.

15. Les clefs de la porte. — 16. Les fenêtres des maisons.
17. Les armoires des chambres. — 18. Le mari de cette femme.
19. Les maris de ces femmes. — 20. Les serrures du serrurier.
21. Le plancher de cette chambre-ci.
22. Le plafond de cette chambre-là.
23. Les parents de cet enfant. — 24. Le fils du maçon.
25. Le feu de la cheminée.

Exercices sur les Verbes et les Substantifs

VERSION

1. Ich habe dieser Frau Bücher geschickt.
2. Diese Schüler lernten niemals die Lektionen.
3. Ich werde morgen Löschpapier kaufen;
4. Zeigen Sie die Bücher und Hefte dieser Kinder.
5. Was haben Sie der Mutter dieses Kindes geschenkt?
6. Werden Sie dem Sohne ein Buch schenken?
7. Wir werden dem Kinde ein Lineal, einen Bleistift und Federn schenken.
8. Ich würde dem Vater ein Tintenfaß geschenkt haben.
9. Ich hätte das Buch geschickt...
10. Hättest du diese Aufgabe gelobt?
11. Ich würde dieses Kind tadeln.
12. Brauchst du mein Lineal und meinen Federhalter?
13. Zeigen Sie die Aufgaben der Kinder.
14. Wo hat er sein Buch gelegt?
15. Was werden Sie diesem Kinde schenken?
16. Diese Kinder haben gut gearbeitet.
17. Sie machten immer die Aufgaben und lernten die Lektionen.
18. Ich brauche eine Feder und ein Tintenfaß.
19. Suchen Sie mein Lineal; wo haben Sie es gelegt?
20. Ich habe diese Abschrift gelobt und jene getadelt.

THÈME

1. Avez-vous fait le devoir? — 2. Qui a acheté ce livre?
3. Apprenez-vous la leçon? — 4. J'ai déjà appris ma leçon.

5. Avez-vous besoin (de) mon livre? — 6. Où ai-je donc mis mon livre?
7. Qu'a-t-il donné à la fille de cet homme?
8. Quand ferez-vous les devoirs?
9. Je les ferai (ferai eux) demain.
10. Non, vous les ferez aujourd'hui.
11. Vous ne les feriez pas demain.
12. Je donne ce livre à la sœur de cet homme.
13. Avez-vous un cahier, une plume et (de) l'encre?
14. Où as-tu mis mon encrier? (Placer debout.)
15. Ma fille n'apprend pas toujours les leçons.
16. Que cherchiez-vous?
17. Je cherchais le crayon, la plume et le livre de l'enfant.
18. J'ai fini mon devoir, et je cherche le papier buvard.
19. J'ai envoyé au père de cet enfant (des) livres et (du) papier.
20. Avez-vous un crayon? — 21. Cherchez, et vous trouverez.
22. Finissez le devoir aujourd'hui.
23. Vous apprendrez les leçons demain.

Quinzième Leçon

CORRIGÉS DES EXERCICES DE LA 14e LEÇON

(Exercices sur le Génitif)

Corrigé de la Version

1. Le mari de cette femme. — 2. Le père de cet enfant.
3. La fille de la servante. — 4. Le papier du cahier.
5. La servante du grand-père. — 6. Le crayon de cet enfant-là.
7. La chambre (cabinet) de travail de l'oncle.
8. Le fils du cousin.
9. Les chaises des chambres. — 10. Les cahiers des enfants.
11. Le poêle de la maison. — 12. Les chambres de ces maisons.
13. Les portes de ces maisons. — 14. Les images de la cousine.
15. Les dessins de la tante. — 16. Les parents de cette servante.
17. Le feu du poêle. — 18. Les murs de mainte maison.
19. Le bois de la cheminée. — 20. Les devoirs de ces enfants.
21. La règle de cet enfant.

Corrigé du Thème, et Exercice de prononciation

1. Das Haus des Onkels. *Dàs Haouss dess Onnkels.*
2. Die Häuser des Onkels. *Di Hoïz'r dess Onnkels.*
3. Das Gemälde des Vetters. *Das Guémêldeu dess Fett'rs.*
4. Die Gemälde der Vettern. *Di guémêldeu dèr Fett'rn.*
5. Die Onkel der Kinder. *Di Onnk'l der Kinnd'r.*
6. Der Onkel dieses Kindes. *Dèr Onnk'l dis'euss kinnd's.*
7. Der Lehnstuhl des Großvaters. *Dèr Lènchtoûle dess Grôssfât'rs.*
8. Der Tisch der Großmutter. *Der Tich dèr Grôssmoutt'r.*
9. Die Kinder dieses Mannes. *Di Kinnder dis'euss mann's.*
10. Die Kamine der Häuser. *Di Kamineu dèr Hoïs'r.*
11. Der Ofen dieses Zimmers. *Dèr Of'n dis'euss Tsim'rs.*
12. Die Zeichnungen der Schwester. *Di Tsaïchnoung'n dèr Schvest'r.*
13. Das Schloß der Thür. *Das Chloss dèr Tûr'.*
14. Die Schlösser der Thüren. *Di Chleuss'r dèr Tûr'n.*
15. Die Schlüssel der Schlösser. *Di Schluss'l dèr Schleuss'r.*
16. Die Fenster der Häuser. *Dû Fennst'r dèr Hoïs'r.*
17. Die Schränke der Zimmer. *Di Chrennkeu dér Tsim'r.*
18. Der Mann dieser Frau. *Dèr Mann dis'r Fraou.*
19. Die Männer dieser Frauen. *Di Menn'r dis'r Fraouenn.*
20. Die Schlösser des Schlossers. *Di Schleuss'r dess Schloss'eurs.*
21. Der Fußboden dieses Zimmers. *Dèr Foûsbôd'n dis'euss Tsim'rs.*
22. Die Zimmerdecke jenes Zimmers. *Di Tsim'rdeckeu ïén's Tsim'rs.*
23. Die Eltern dieses Kindes. *Di Ell'rn dis'euss Kinnd's.*
24. Der Sohn des Maurers. *Dèr zône dess maour'eurs.*
25. Das Feuer des Kamins. *Das Foï'eur dess Kamin's.*

EXERCICE SUR LES VERBES ET LES SUBSTANTIFS

Corrigé de la Version.

1. J'ai envoyé des livres à cette femme.
2. Ces élèves n'apprenaient jamais les leçons.

3. J'achèterai demain du papier buvard.
4. Montrez les livres et les cahiers de ces enfants.
5. Qu'avez-vous donné à la mère de cet enfant?
6. Donnerez-vous un livre au fils?
7. Nous donnerons à l'enfant une règle, un crayon et des plumes.
8. J'aurais donné un encrier au père.
9. J'aurais envoyé le livre...
10. Aurais-tu loué ce devoir?
11. Je blâmerais cet enfant.
12. As-tu besoin de ma règle et de mon porte-plume?
13. Montrez les devoirs des enfants.
14. Où a-t-il mis son livre?
15. Que donnerez-vous à cet enfant?
16. Ces enfants ont bien travaillé.
17. Ils faisaient toujours les devoirs et apprenaient les leçons.
18. J'ai besoin d'une plume et d'un encrier.
19. Cherchez ma règle; où l'avez-vous mise?
20. J'ai loué cette copie-ci et blâmé celle-là.

Corrigé du Thème

1. Haben Sie die Aufgabe gemacht?
2. Wer hat dieses Buch gekauft?
3. Lernen Sie die Lektion?
4. Ich habe schon meine Lektion gelernt.
5. Brauchen Sie mein Buch?
6. Wo habe ich denn mein Buch gelegt?
7. Was hat er der Tochter dieses Mannes geschenkt?
8. Wann werden Sie die Aufgaben machen?
9. Ich werde sie morgen machen.
10. Nein, Sie werden sie heute machen.
11. Sie würden sie morgen nicht machen.
12. Ich gebe der Schwester dieses Mannes dieses Buch.
13. Haben Sie ein Heft, eine Feder und Tinte?
14. Wo hast du mein Tintenfaß gestellt?
15. Meine Tochter lernt nicht immer die Lektionen.
16. Was suchten Sie?

17. Ich suchte den Bleistift und das Buch des Kindes.
18. Ich habe meine Aufgabe geendigt und suche das Löschpapier.
19. Ich habe dem Vater dieses Kindes Bücher und Papier geschickt.
20. Haben Sie einen Bleistift?
21. Suchen Sie, und Sie werden finden.
22. Endigen Sie die Aufgabe heute.
23. Sie werden die Lektionen morgen lernen.

Déclinaison de l'article défini (suite).

La déclinaison de l'article défini, comme on a déjà pu s'en rendre compte, n'est pas très compliquée; avec un peu d'attention, on peut arriver à la réciter sans faute en un temps relativement très court.

Si l'on considère maintenant que cette déclinaison de l'article, si simple, est la plus variée, la plus riche en terminaisons, on sera convaincu que la déclinaison allemande ne présente pas de grande difficultés.

Rappelons enfin que *toutes* les terminaisons usitées dans les autres déclinaisons se trouvent déjà dans l'article (excepté toutefois pour les pronoms personnels que nous verrons plus tard et qui ont une déclinaison à part).

Les remarques suivantes permettront de graver plus vite dans la mémoire les différents cas de l'article défini.

Nous avons en tout seize cas :

Quatre pour le masculin,
Quatre pour le féminin,
Quatre pour le neutre,
Quatre pour le pluriel des trois genres.

Il nous faudrait *seize* terminaisons différentes pour que la déclinaison fût complète. En réalité, nous n'avons que *cinq* terminaisons différentes : er, es, em, en, e; par conséquant la déclinaison n'a que les *cinq seizièmes* du nombre de terminaisons qu'elle devrait avoir; un peu plus du *quart* et moins du *tiers*. C'est donc, une déclinaison très incomplète, le *quart* d'une déclinaison véritable que nous avons à apprendre. Nous pouvons affirmer avec raison que l'allemand n'a guère que des *lambeaux* de déclinaison.

Ces cinq terminaisons sont répétées plusieurs fois :

er	est répété	4	fois.
es	—	4	—
em	—	2	—
en	—	2	—
e	—	4	—
Total.		16	—

La terminaison er se trouve au *Nominatif*[1] du masculin, *Génitif*[2] et *Datif*[3] du féminin, au *Génitif*[4] du pluriel.

— es se trouve au *Génitif*[1] du masculin, *Nominatif*[2], *Génitif*[3] et *Accusatif*[4] du neutre.

— em se trouve au *Datif*[1] du masculin, *Datif*[2] du neutre.

— en se trouve à l'*Accusatif*[1] du masculin, au *Datif*[2] du pluriel.

— e se trouve au *Nominatif*[1] et à l'*Accusatif*[2] du féminin, au *Nominatif*[3] et à l'*Accusatif*[4] du pluriel.

Examinons maintenant les terminaisons dans chaque genre et celles du pluriel :

Le *masculin* seul a *quatre* terminaisons pour ses quatre cas : er, es, em, en.

Le *féminin* n'en a que *deux :* e et er; la déclinaison du féminin, très réduite pour l'article, l'est également pour les autres mots déclinables. On pourrait l'écrire ainsi, pour plus de simplicité :

Nominatif et *Accusatif*. . . . . die.
Génitif et *Datif* . . . . der.

Le *neutre* n'a que *deux* terminaisons : es et em ce qui est très insuffisant pour la clarté.

C'est sans doute pour cela que la forme das a prévalu pour l'article au nominatif et à l'accusatif, et a remplacé la forme des plus ancienne, et dont on retrouve encore quelques traces chez les premiers auteurs du commencement des temps modernes.

Le *pluriel* a *trois* terminaisons : e, er, en; le nominatif et l'accusatif sont toujours semblables; il ne diffère du féminin singulier que par un seul cas : le datif.

De tout ce qui précède, nous pouvons tirer pour résumer, plusieurs remarques importantes :

Au *féminin*, le *Nominatif* et l'*Accusatif* sont *toujours* semblables.
— le *Génitif* et le *Datif* sont identiques.
Au *neutre*, le *Nominatif* et l'*Accusatif* sont *toujours* semblables.
Au *pluriel*, — — sont *toujours* semblables entre eux et ne diffèrent pas du nominatif et de l'accusatif féminin.

Nous n'avons pas dit que le génitif neutre fût toujours semblable au nominatif et à l'accusatif, parce que les terminaisons des substantifs et des adjectifs neutres permettront de distinguer ce cas du nominatif et de l'accusatif; la ressemblance complète se rencontre seulement dans l'article défini.

Nous donnons encore une fois le tableau des terminaisons de l'article défini avec les simplifications que l'on pourrait, sans inconvénient, y introduire.

SINGULIER						PLURIEL	
Masculin		*Féminin*		*Neutre*		*Trois genres*	
Nom.	— er	*Nom.*	— e	*Nom.*	— es	*Nom.*	— e
Gén.	— es	*Acc.*		*Acc.*		*Acc.*	
Datif.	— em	*Gén.*	— er	*Gén.*	— es	*Gén.*	— er
Acc.	— en	*Datif.*		*Datif.*	— em	*Datif.*	— en

Seizième leçon

Article indéfini ein.

D'après ce que nous avons dit plus haut, l'article indéfini ein, comme tout mot déclinable, ne peut pas prendre d'autres terminaisons que celles de l'article défini.

S'il forme une déclinaison distincte, c'est qu'il n'en prend pas *toutes* les terminaisons.

	SINGULIER					
	Masculin		*Féminin*		*Neutre*	
Nominatif	Ein	un	Ein-e	une	Ein	un
Génitif	Ein-es	d'un	Ein-er	d'une	Ein-es	d'un
Datif	Ein-em	à un	Ein-er	à une	Ein-em	à un
Accusatif	Ein-en	un	Ein-e	une	Ein	un

PLURIEL

Des Mots qui se déclinent sur ein

Mein-e	mes
Mein-er	de mes
Mein-en	à mes
Mein-e	mes

Toutes les terminaisons sont empruntées à l'article défini.
A *trois* cas seulement, ein n'a pris *aucune* terminaison :

1° Au nominatif masculin.
2° Au nominatif et } neutres.
3° A l'accusatif }

Nous appelons l'attention sur cette absence de terminaison à trois cas, parce que cela aura une grande importance quand nous parlerons de la déclinaison de l'adjectif épithète.

Se déclinent sur ein:

1° Les *adjectifs possessifs*. .	Mein	mon	mein-e	mein
	Dein	ton	dein-e	dein
	Sein	son	sein-e	sein
	Unser	notre	unser-e	unser
	Euer	votre	Euer-e	Euer
	Ihr	leur	ihr-e	ihr
2° *L'adjectif indéfini*	Kein	aucun	keine	kein

On dira :

Mein Vater — meine Mutter — mein Kind — meine Eltern.
Unser Vater — unser-e Mutter — unser Kind — Unsere Eltern.

Pour les deux adjectifs possessifs unser, *notre*, et Euer, *votre*, quelques observations sont nécessaires pour éviter aux commençants de tomber dans une erreur assez fréquente.

Nous avons vu que, dans les adjectifs qui se déclinent sur l'article défini der, comme dieser, jener, welcher, etc., le radical s'obtenait en retranchant la terminaison er, et nous écrivions :

Dies-er — jen-er — welch-er, etc.

Les adjectifs possessifs unser, *notre*, euer, *votre* ont une trop grande analogie extérieure avec les précédents, pour que le lecteur ne soit pas au début tenté de les décliner de même.

Or, unser et euer se déclinent sur ein en non pas sur der; les formes unser et euer doivent remplacer le radical ein et recevoir les mêmes terminaisons :

Nous disons :	*Nominatif*,	ein.	*Génitif*	ein=es, etc.
Nous dirons donc :	—	unser.	—	unser=es, etc,
	—	euer	—	euer=es, etc.

La ressemblance avec dieser n'était qu'apparente; dans dieser, dies était le radical, er était une terminaison; au contraire, dans unser et euer, les deux dernières lettres er font partie *intégrante* du radical.

Nous déclinerons par conséquent unser et euer en *ajoutant* à ces deux radicaux les terminaisons de l'article défini, tout au plus pourra-t-on, par euphonie, modifier légèrement ce radical en retranchant l'e qui précède l'r, ainsi que nous allons l'expliquer.

Suppression de l'e du radical ou de la terminaison

On se souvient, pour les verbes comme ändern et tadeln, que les Allemands évitent ordinairement, dans la prose, de placer une liquide entre deux e et qu'ils suppriment tantôt l'e du radical, tantôt l'e de la terminaison. La même raison produira les même effets dans toute déclinaison; voici comment il faudra décliner unser et euer; prenons pour modèle unser :

Masculin	*Féminin*	*Neutre*
Unser pas de terminaison	Unsr=e	Unser pas de terminaison
Unsr=es ou unser=s	Unsr=er	Unsr=es ou unser=s
Unsr=em ou unser=m	Unsr=er	Unsr=em ou unser=m
Unsr=en ou unser=n	Unsr=e	Unser

Pluriel

—

Unsr=e
Unsr=er
Unsr=en ou unser=n
Unsr=e

On ne peut retrancher l'e de la terminaison qu'aux cas où cette dernière est indiquée par une autre lettre comme au datif, qui est suffisamment annoncé par la terminaison n.

Entre les formes unsres et unsers, unsrem et unserm, etc., l'euphonie devra guider l'élève; dans la prononciation, la différence entre les deux formes est très peu sensible, l'accent tonique est en effet sur la première syllabe et la dernière syllabe ne doit pas être accentuée; il est peu important que l'e soit maintenu dans l'écriture avant ou après les consonnes s, m ou n, puisqu'il ne doit presque pas être entendu dans la conversation.

Lisez { unsers et unsres / *ouns'rs* et *ounsr's* } Il n'y a pas de différence bien sensible et on peut les confondre.

Emploi de Ihr pour traduire le français *Votre*

Le pronom employé par politesse étant Sie (littéralement : *Ils*), l'adjectif possessif qui y correspond sera naturellement Ihr (littéralement : *Leur*), qui devra, comme le pronom, *toujours être écrit avec une lettre majuscule.*

La phrase suivante : Haben Sie Ihr Kind gelobt?

Littéralement : Ont-Ils loué Leur enfant? traduira le français : Avez-*vous* loué *votre* enfant?

Si l'on avait écrit : Haben sie ihr Kind gelobt? avec des minuscules, il aurait fallu traduire : Ont-*ils* loué *leur* enfant?

Et il aurait été question de *plusieurs* personnes sur lesquelles roulait l'entretien.

Autre emploi de Ihr quand le possesseur est féminin

A chaque pronom personnel correspond un adjectif possessif; à

la 1re pers. du sing.	ich,	*je,*	correspond le pronom	mein,	*mon.*
2e	—	du,	*tu,*	—	dein,	*ton.*
3e	—	er,	*il,*	—	sein,	*son.*
1re	—	wir,	*nous,*	—	unser,	*notre.*
2e	—	ihr,	*vous,*	—	euer,	*votre.*
3e	—	sie,	*ils,*	—	ihr,	*leur.*

Pour la troisième personne du singulier, au féminin, le pronom est sie, et l'adjectif possessif est ihr; si je dis d'une *femme :*

A-t-elle loué *son* fils?

je traduirai : Hat sie ihren Sohn gelobt?

En français nous ne faisons aucune différence entre son (à elle) et son (à lui).

Mais en allemand, le possesseur *féminin* demande le pronom ihr, et le possesseur *masculin* sein.

Je dirai de même en parlant encore d'une mère :

> *Son* fils ne travaille pas bien.
> Ihr Sohn arbeitet nicht gut.
> Mais *sa* fille travaille très bien.
> Aber ihre Tochter arbeitet sehr gut.

Le pronom neutre es a le même adjectif possessif sein que le masculin.

Vocabulaire

die Bibliothek *ou* der Bücherschrank	la bibliothèque	die Bibliotheken die Bücherschränke
das Brett	la planche (le rayon)	die Bretter
die Lampe	la lampe	die Lampen
die Zange *ou mieux* die Feuerzange	la pincette *ou* les pincettes	die Feuerzangen
die Schaufel die Feuerschaufel	la pelle	
die Tapete	la tenture	die Tapeten
der Teppich	le tapis	die Teppiche
die Pfeife	la pipe	die Pfeifen
der Tabak	le tabac	
die Cigarre	le cigarre	die Cigarren
die Cigarette	la cigarette	
Rauchen	fumer	*imp.* rauchte *part. passé* geraucht
das Mädchen	la jeune fille	die Mädchen
das Dach	le toit	die Dächer
die Scheibe	le vitre	die Scheiben

der Spiegel	le miroir, la glace	die Spiegel
der Besen	le balai	die Besen
Schnell	vite	
Bald	bientôt	
Vielleicht	peut-être	

Kein, *aucun*, remplace le plus souvent la négation nicht devant un substantif; la préposition *de* ne se traduit pas. Ex. :

Je n'ai pas de papier. — Ich habe kein Papier.
et non pas : Ich habe nicht Papier.

VERSION

1. Haben Sie eine Bibliothek gekauft? *Háb'n si aïneu Bibliothèque guékaouft?*

2. Wo haben Sie Ihre Bibliothek gekauft? *Vo Háb'n si ireu Bibliothèque guékaouft.*

3. Wann werden Sie einen Bücherschrank kaufen? *Vann verrd'n si aïnenn Büch'rschrannk kaouf'n.*

4. Hättest du diesen Bücherschrank gekauft? *Hatt'st dou dis'n Büch'rschrannk guékaouft?*

5. Ich würde ihn nicht gekauft haben. *Ich vurdeu ine nicht guékaouft háb'n.*

6. Meine Bibliothek hat Bretter. *Maïneu Bibliothèque hatt Brett'r.*

7. Ich habe noch ein Brett für (pour) meine Bibliothek. *Ich hâbeu noch* (son guttural) *aïn Brett für maï-neu Bibliothèque.*

8. Wo hast du diese Bretter gekauft? *Vo hast dou diseu Brett'r guékaouft?*

9. Meine Mutter liebt Ihren Vetter nicht. *Maïneu moutt'r libt irenn Fett'r nicht.*

10. Jede Mutter liebt ihre Kinder. *Iédeu moutt'r libt ireu Kinnd'r.*

11. Welche Mutter liebt ihre Kinder nicht? *Velcheu Moutt'r libt ireu Kinnd'r nicht.*

12. Welcher Vater würde solche Kinder nicht lieben? *Velch'r Fât'r vurden solchen kinnd'r nicht lib'n?*

13. Ich hätte ihn nicht geliebt. *Ich haitten ine nicht guélibt.*

14. Würdest du deine Geschwister nicht geliebt haben? *Vurdeussi dou daïnen Guéchvist'r nicht guélibt hâb'n.*

15. Ich hätte meinen Grossvater und meine Grossmutter geschätzt und geliebt. *Ich haïtten maïn'n Grôssfât'r ounnd maïnen Grôssmoutt'r guéchetst ounnd guélibt.*

16. Diese Eltern haben ihre Kinder oft gelobt. *Disen Elt'rn hâb'n iren Kinnd'r oft guélôbt.*

17. Die Magd wird ihr Zimmer schnell kehren und reinigen. *Di Mâgd vird ir tsim'r schnell kêr'n ounnd raïnig'n.*

18. Unsre Magd wird bald Ihr Zimmer kehren. *Ounsre Mâgd vird bald ir tsim'r Kêr'n.*

19. Wann hat sie ihren Spiegel gekauft? *Vann hatt si ir'n spig'l gué-kaouft?*

20. Wo hat sie ihn gekauft? *Vo hatt si ine guékaouft?*

21. Wo hast du ein Haus gebaut? *Vo hast dou aïn Haouss guébaout?*

22. Wer würde hier ein Haus bauen? *Vêr vurden hire aïne Haouss baouenn?*

23. Unser Vater hat niemals Häuser gebaut; er hat sie gekauft. *Ouns'r Fât'r ... nimals Hoïs'r guébaout; err hatt si guékaouft.*

24. Wer hat deiner Mutter diese Tapete geschenkt? *Vêr hatt daïn'r Moutt'r disen Tapêten guéchennkt?*

25. Uns(e)re Grossmutter hat (1) meiner Schwester einen Spiegel geschenkt. *Ounsren Grôssmoutt'r hatt maïn'r schvest'r aïn'enn spig'l guéchennkt.*

26. Die Dächer der Häuser. *Di Daich'r der Hoïs'r.*

27. Das Dach meines Hauses. *Das Dach main'euss Haous'eus.*

28. Die Scheiben unsers Fensters. *Di Schaïb'n ouns'eurss fennst'rs.*

29. Die Spiegel Ihres Zimmers. *Di Spig'l ir'euss Tsimm'eurss.*

30. Der Besen unsrer Magd. *Derr Bês'n ouns'reur Magd.*

(1) S'il y a dans une même proposition un complément direct et un complément indirect, le complément indirect (*datif*) se place avant le complément direct (*accusatif*).

Nous figurons l'e à la fin des mots par les lettres *eu* qui doivent être *à peine prononcées*, il est de même de la terminaison erě qui est figurée par les lettres *eurss*, et de la finale ješ figurée par *s'euss*.

L'apostrophe avant, *l.'n.'r*, indique que l'e dans les terminaisons el, en, er, doit à peine se faire entendre.

Pour le g dans *mägd*, le ch dans *nicht* ou dans *noch*, revoir les règles de la prononciation des consonnes.

THÈME

1. Qui a (1) *bâti* cette maison?
2. Avez-vous déjà *acheté* votre maison?
3. Où *bâtirez*-vous une maison?
4. Notre père a *bâti* toutes ces maisons.
5. Je n'ai *pas* de lampe. — 6. N'avez-vous *pas de* lampe?
7. Où avez-vous *acheté* votre lampe?
8. On a *donné* cette lampe [2] à ma mère [1].
9. Que *donneras*-tu à ton père et à ta mère?
10. Je n'ai *pas de* pelle et *pas de* pincettes.
11. Fumes-tu? — 12. Je fume souvent.
13. Que fumes-tu? 14. Fumez-vous un cigare?
15. Fumerais-tu une cigarette?
16. Avez-vous déjà fumé la (une) pipe?
17. Ne fumez jamais la pipe. — 18. Ne fumez pas.
19. J'ai fumé un cigare hier.
20. Mon père fume souvent la pipe.
21. Où achetez-vous votre tabac?
22. Le mari a acheté à sa femme une tapisserie, une pelle et des pincettes. — 23. La servante a acheté un balai.
24. Ma mère a nettoyé sa lampe.
25. Achèteras-tu encore ce livre?
26. Qui achèterait son livre?
27. Aurais-tu acheté un tel livre?
28. Pourquoi avez-vous blâmé notre père? — 29. Qu'a-t-il fait?
30. Pourquoi n'a-t-on pas chauffé notre chambre?
31. Quand la (2) chaufferez-vous?

(2) Ne pas oublier que le participe et l'infinitif se placent après tous les compléments, autrement dit: *à la fin de la proposition*.

(1) Revoir ce qui a été dit antérieurement pour la traduction des petits mots *le*, *la*, *les*, compléments, qui se mettent *après le verbe*.

32. Je l'aime (j'aime lui). — 33. Il ne l'aime pas.
34. L'a-t-il jamais aimé? — 35. Il n'a jamais aimé son cousin.
36. La porte de notre chambre. — 37. Le feu de notre cheminée.
38. La fille de notre maçon. — 39. Les cigares de mon père.
40. La lampe de mon cabinet de travail.
41. Les pincettes et la pelle de notre cheminée.
42. Le papier et les livres de mon père.
43. Les devoirs de mes fils. — 44. Les copies de cet enfant.
45. La règle de ma sœur. — 46. La bibliothèque de votre père.

Dix-septième Leçon

CORRIGÉS DES EXERCICES DE LA 16e LEÇON

Corrigé de la version

1. Avez-vous acheté une bibliothèque?
2. Où avez-vous acheté votre bibliothèque?
3. Quand achèterez-vous une bibliothèque?
4. Aurais-tu acheté cette bibliothèque?
5. Je ne l'aurais pas achetée.
6. Ma bibliothèque a des rayons.
7. J'ai encore un rayon pour (für *acc.*) ma bibliothèque.
8. Où as-tu acheté ces rayons?
9. Ma mère n'aime pas votre cousin.
10. Chaque mère aime ses enfants.
11. Quelle mère n'aime pas ses enfants?
12. Quel père n'aimerait pas de tels enfants?
13. Je ne l'aurais pas aimé.
14. N'aurais-tu pas aimé tes frères et sœurs?
15. J'avais estimé et aimé mon grand-père et ma grand'mère.
16. Ces parents on souvent loué leurs enfants.
17. La servante balaiera et nettoiera vite sa chambre.
18. Notre servante balaiera bientôt votre chambre.
19. Quand a-t-elle acheté son miroir?
20. Où l'a-t-elle acheté?
21. Où as-tu bâti une maison?
22. Qui bâtirait ici une maison?
23. Notre père n'a jamais bâti (de) maisons; il les a achetées.

24. Qui a donné cette tapisserie à ta mère?
25. Notre grand'mère a donné un miroir à ma sœur.
26. Les toits des maisons.
27. Le toit de ma maison.
28. Les vitres de notre fenêtre.
29. Les glaces de votre chambre.
30. Le balai de notre servante.

Corrigé du thème

1. Wer hat dieses Haus gebaut?
2. Haben Sie schon Ihr Haus gekauft?
3. Wo werden Sie ein Haus bauen?
4. Unser Vater hat alle diese Häuser gebaut.
5. Ich habe keine Lampe. — 6. Haben Sie keine Lampe?
7. Wo haben Sie Ihre Lampe gekauft?
8. Man hat meiner Mutter diese Lampe geschenkt.
9. Was würdest du deinem Vater und deiner Mutter schenken?
10. Ich habe keine Schaufel und keine Feuerzange.
11. Rauchst du? — 12. Ich rauche oft.
13. Was rauchst du? — 14. Rauchen Sie eine Cigarre?
15. Würdest du eine Cigarette rauchen?
16. Haben Sie schon eine Pfeife geraucht?
17. Rauchen Sie nie die Pfeife? — 18. Rauchen Sie nicht?
19. Ich habe gestern eine Pfeife geraucht.
20. Mein Vater raucht oft die Pfeife.
21. Wo kaufen Sie Ihren Tabak?
22. Der Mann hat seiner Frau eine Tapete, eine Schaufel und eine Feuerzange gekauft.
23. Die Magd hat einen Besen gekauft.
24. Meine Mutter hat ihre Lampe gereinigt.
25. Wirst du noch dieses Buch kaufen?
26. Wer würde sein Buch kaufen?
27. Hättest du ein solches Buch gekauft?
28. Warum haben Sie unsern Vater getadelt?

29. Was hat er gemacht?
30. Warum hat man unser Zimmer nicht gewärmt?
31. Wann werden Sie es wärmen?
32. Ich liebe ihn. — 33. Er liebt ihn nicht.
34. Hat er ihn je geliebt?
35. Er hat nie seinen Vetter geliebt.
36. Die Thür unsers Zimmers.
37. Das Feuer unsers Kamins.
38. Die Tochter unsers Maurers.
39. Die Cigarren meines Vaters.
40. Die Lampe meines Arbeitszimmers.
41. Die Zange und die Schaufel unsers Kamins.
42. Das Papier und die Bücher meines Vaters.
43. Die Aufgaben meines Sohnes.
44. Die Abschriften dieses Kindes.
45. Das Lineal meiner Schwester.
46. Die Bibliothek Ihres Vaters.

Remarques sur l'Article et les mots qui suivent sa déclinaison

Nous avons prévenu le lecteur que nous aurions souvent à revenir sur l'article défini et sur ses terminaisons. Les adjectifs, qui lui empruntent ses terminaisons, se rencontrent très fréquemment, et nous aurons souvent l'occasion de les rappeler à propos de la déclinaison des adjectifs qualificatifs en général, et de tous les autres adjectifs, aussi bien de ceux qui sont compris dans la liste : dieser, *ce... ci* (ou *cet*), que ceux qui se déclinent sur ein, comme : mein, dein, etc. ; tous ces mots sont des *adjectifs* ; mais les uns, comme :

dieser et jener sont des adjectifs *démonstratifs;*

d'autres comme :

jeder, aller et mancher sont des adjectifs *indéfinis;*
mein, dein, etc., sont des adjectifs *possessifs;*
welcher est un adjectif *interrogatif*.

Quel est le caractère commun de ces mots à dénominations variées? Tâchons de les englober tous dans un seul terme qui désignera d'une façon précise la catégorie entière, et qui évitera de longues périphrases?

Ils *déterminent* tous le substantif auquel ils sont joints. Nous pourrons donc les appeler *adjectifs déterminatifs*, ou simplement *déterminatifs*. Cela nous permettra de les distinguer des autres adjectifs, qui expriment une *qualité* du substantif et que l'on appelle *adjectifs qualificatifs*.

La déclinaison des *déterminatifs* nous est connue: c'est celle de l'article. C'est la plus complète, qu'il y ait en allemand.

La déclinaison des adjectifs *qualificatifs* diffère souvent de celle de l'article; il était donc important de diviser les adjectifs en deux grandes subdivisions:

1° Adjectifs *déterminatifs*, qui se déclinent sur l'article;

2° Adjectifs *qualificatifs*, dont nous étudierons bientôt la déclinaison.

Déterminatifs employés comme pronoms

Parmi les adjectifs déterminatifs, quelques-uns conservent les mêmes terminaisons lorsqu'ils sont employés comme pronoms.

Exemples:

Dieser Mann oder jener.
Cet homme-ci ou celui-là.
Lieben Sie diesen Mann oder jenen?
Aimez-vous cet homme-ci ou celui-là?
Ich liebe diesen.

Dans le premier exemple, dieser est adjectif, jener est pronom, et tous deux ont la même terminaison; il en est de même dans le second. Le troisième exemple nous montre diesen devenu pronom et prenant la même désinence que diesen, adjectif démonstratif.

		Adjectifs		Pronoms
		—		—
Dieser peut donc se traduire par		*ce* ou *cet... ci*	ou par	*celui-ci.*
Jener	—	*ce* ou *cet... là*	—	*celui-là.*
Welcher	—	*quel*	—	*lequel?*

Welcher est aussi pronom *relatif* et se traduit par *qui*.

De même pour mancher, aller, jeder.

Ein et kein et les adjectifs, mein, dein, sein, etc., peuvent s'employer comme pronoms; ils subissent alors un léger changement, sur lequel nous voulons appeler l'attention de nos lecteurs.

Devenus pronoms, ils doivent avoir à tous les cas la terminaison de l'article. Si l'on veut se reporter à la déclinaison de ein, on verra qu'il a déjà, comme adjectif, la terminaison de l'article à tous les cas, sauf à *trois*, qui sont :

Le nominatif masculin, qui n'a pas er.

On dit en effet : ein Mann un homme, ein Tisch une table, ein Rock un habit.

Le nominatif et L'accusatif } neutres qui n'ont pas es.

On dit : ein Buch un livre.
Ich habe ein Buch j'ai un livre.

Il nous faudra, *à ces trois cas* seulement, modifier la déclinaison en ajoutant la terminaison er pour le masculin et es pour les deux cas du neutre.

Tableau comparatif des Adjectifs et des Pronoms possessifs

ADJECTIFS				PRONOMS			
Mon	mein	meine	mein	Le mien	mein-er	mein-e	mein-es
Ton	dein	deine	dein	Le tien	dein-er	dein-e	dein-es
Son	sein	seine	sein	Le sien	sein-er	sein-e	sein-es
Notre	unser	unsre	unser	Le nôtre	unsr-er	unsr-e	unsr-es

Exemples :

Es ist (c'est) mein Hut.	C'est mon chapeau.
Es ist meiner	C'est le mien.
Ein Freund.	Un ami.
Einer meiner Freunde.	L'un (*pronom*) de mes amis.
Keiner seiner Freunde.	Aucun (*pronom*) de ses amis.
Haben Sie mein Buch?	Avez-vous mon livre ?
Nein, ich habe meines.	Non, j'ai le mien.
Hast du kein Kind?	N'as-tu pas d'enfant ?
Ich habe keines.	Je n'(en) ai pas.

Il y a d'autres façons de traduire les pronoms possessifs.

Le mien, le tien, le sien peuvent se rendre de trois manières :

Masculin	*le mien :*	1° der meinige; 2° der meine; 3° meiner.
Féminin	—	1° die meinige; 2° die meine; 3° meine.
Neutre	—	1° das meinige; 2° das meine; 3° meines.

De même *Le tien* 1°	der / die / das	deinige; 2°	der / die / das	deine; 3° deiner. / deine. / deines.
— *Le sien*	der / die / das	seinige; 2°	der / die / das	seine; 3° seiner. / seine. / seines.

et ainsi de suite pour les autres pronoms possessifs qui seront :

1° der ihrige	le sien (à elle).
1° der unsrige	le nôtre.
1° der eurige 1° der Ihrige	le vôtre.
1° der ihrige	le leur.

La première forme : der meinige, est très usitée.

Puis vient en second lieu der meine; nous ne pourrons les employer dans les exercices qu'après avoir expliqué la déclinaison des adjectifs qualificatifs quand ils sont précédés de l'article défini der ou d'un des déterminatifs déjà vus qui se déclinent sur der.

En attendant, nous nous contenterons de la troisième forme meiner meine, meines. Elle est surtout employée au nominatif masculin meiner, au nominatif, et à l'accusatif neutre meines, parce que les terminaisons er, es distinguent nettement les pronoms possessifs des adjectifs correspondants mein, dein, etc.

Dix-huitième leçon

PRONOMS *un, aucun*

Les élèves confondent souvent les adjectifs et les pronoms qui ont la même forme en français, dans les deux acceptions.

Ces mots, *un, aucun*, par exemple, sont tantôt *adjectifs*, tantôt *pronoms*.

Ils sont *adjectifs* quand ils accompagnent un substantif. Ex. :

Un homme.	Ein Mann.
Aucun fils.	Kein Sohn.

Ils sont *pronoms* quand ils sont employés isolément et tiennent la place d'un nom. Ex. :

A la question :

Vos amis sont-ils là?	Sind (sont) Ihre Freunde da?
je réponds :	
Aucun n'est là.	Keiner ist (est) da.
A la question :	
Ont-ils bien travaillé?	Haben sie gut gearbeitet?
je réponds :	
Oui. Un seulement (nur) n'a pas travaillé	Ja. Einer nur hat nicht gearbeitet.
As-tu un livre?	Hast du ein Buch?
J'(en) ai un.	Ich habe eines.

Au féminin, l'adjectif et le pronom sont semblables, car on dit dans les deux cas : eine, keine.

Hast du eine Feder? Ich habe keine.

PASSÉ ANTÉRIEUR

En conjuguant les verbes réguliers, nous n'avons pas parlé du passé antérieur :

J'eus acheté, j'eus fini, j'eus travaillé.

L'axiliaire : *j'eus, tu eus, il eut* est au passé défini.

Or, nous savons que l'allemand n'a qu'un seul temps pour l'imparfait et le passé défini.

Par conséquent : { J'eus acheté / J'avais acheté } se traduisent de la même manière :

Ich hatte gekauft.

Le passé antérieur et le plus-que-parfait se confondent donc en un seul et même temps.

NOMS DE NOMBRE CARDINAUX

Apprendre par cœur les *nombres* de **1** à **20**, et les réciter de suite jusqu'à ce qu'on les sache parfaitement.

			Prononciations figurée
1	eins	un	*aïns.*
2	zwei	deux	*tsvaï.*
3	drei	trois	*draï.*
4	vier	quatre	*fir.*
5	fünf	cinq	*funnf'.*
6	sechs	six	*sex.*
7	sieben	sept	*zib'n.*
8	acht	huit	*acht* (ch guttural).
9	neun	neuf	*noïnn.*
10	zehn	dix	*tsaine.*
11	elf	onze	*elf'.*
12	zwölf	douze	*tsveulf'.*
13	dreizehn	treize	*draïtsaine.*
14	vierzehn	quatorze	*firtsaine.*
15	fünfzehn	quinze	*funnftsaine.*
16	sechzehn	seize	*sechtsaine* (ch).
17	siebzehn ou siebenzehn	dix-sept	*sib'ntsaine* ou *sibtsaine.*
18	achtzehn	dix-huit	*achttsaine.*
19	neunzehn	dix-neuf	*noïntsaine.*
20	zwanzig	vingt	*tsvantsig* (ig).

La forme pronominale eins ne s'emploie que pour désigner le nombre *un* d'une manière générale et indéterminée ;

Quand le mot *un* précède un substantif, il redevient article indéfini; la terminaison neutre s disparaît, et il suit la déclinaison que nous connaissons déjà : comme nom de nombre, il prend les mêmes terminaisons.

Cette forme eins n'a rien qui doive nous surprendre, car le neutre est le genre de tout mot qui ne se rapporte à aucun substantif exprimé ou sous-entendu.

Tous les autres noms de nombre peuvent rester indéclinables et ne prennent, le plus souvent, aucune terminaison.

Cependant, ils ont quelquefois les *désinences de l'article* à certains cas, quand la clarté l'exige, c'est-à-dire quand le mot qui les suit n'indique pas d'une façon suffisante le cas auquel il se trouve, et le rôle qu'il joue dans la phrase. Zwei et drei prennent er au génitif, en au datif.

Die Eltern zweier Kinder. Les parents de deux enfants.

Le cas n'était pas indiqué par le substantif Kinder.

Mais, si le cas était indiqué par un autre mot, on laisserait zwei invariable et on dirait par exemple :

Die Eltern dieser zwei Kinder

Dieser suffit pour faire comprendre que nous sommes au génitif pluriel.

Les autres noms de nombre ne prennent guère que la terminaison en au datif, à moins qu'ils ne soient déjà terminés par en ou n, comme sieben, dreizehn, vierzehn, etc., jusqu'à **20**.

De **1** à **12**, les Allemands ont des dénominations différentes pour chacun des noms de nombre.

A partir de **13** jusqu'à **20**, on exprime le chiffre des unités et celui des dizaines. Ex. :

Treize, dreizehn (ou **3** drei **10** zehn). **3+10=13**.

Le mot français *treize* est une contraction du latin *tredecim*, dont les deux parties signifient *trois-dix*, exactement comme l'allemand dreizehn.

Il en est de même pour les nombres suivants : *quatorze*, *quinze*, *seize*, contractions des mots latins qui signifiaient *quatre-dix*, *cinq-dix*, *six-dix*, comme les mots allemands correspondants, où les unités précèdent les dizaines.

Les nombres *dix-sept*, *dix-huit*, *dix-neuf*, composés de mots français, nous font voir déjà une différence avec la numération allemande.

Le premier nombre, *dix*, est le chiffre des dizaines ; le second, *sept*, est le chiffre des unités. De même dans *dix-huit* et *dix-neuf*.

En français, le chiffre des *dizaines précède* donc le chiffre des *unités*. En allemand, dans les nombres correspondants siebenzehn, achtzehn, neunzehn, le chiffre des *unités précède* le chiffre des *dizaines*.

On dit:

en allemand :	Siebzehn	sept-dix	— en français :	dix-sept.
—	Achtzehn	huit-dix	—	dix-huit.
—	Neunzehn	neuf-dix	—	dix-neuf.

En comptant de vingt à trente, etc., nous verrons que cette règle est générale en allemand; elle s'étend à toutes les dizaines, et toujours *les unités précèdent les dizaines*. On unit les deux nombres par la conjonction und (*et*) à partir de **20**.

20	zwanzig			
21	ein und zwanzig	vingt et un	*littéralement*	un et vingt.
22	zwei und zwanzig	vingt-deux	—	deux et vingt.
23	drei und zwanzig	vingt-trois	—	trois et vingt.
24	vier und zwanzig	vingt-quatre	—	quatre et vingt.
25	fünf und zwanzig	vingt-cinq	—	cinq et vingt.
26	sechs und zwanzig	vingt-six	—	six et vingt.
27	sieben und zwanzig	vingt-sept	—	sept et vingt.
28	acht und zwanzig	vingt-huit	—	huit et vingt.
29	neun und zwanzig	vingt-neuf	—	neuf et vingt.
30	dreißig	trente		
31	ein und dreißig	trente et un	—	un et trente

Le reste de la numération parlée et écrite ne nous offrira plus aucune difficulté; nous la terminerons dans la prochaine leçon.

Constatons en passant que les *chiffres s'écrivent en allemand comme en français;* les chiffres *arabes* sont d'ailleurs en usage chez presque toutes les nations européennes, et ont prévalu contre les chiffres romains, qu'on ne rencontre plus guère, comme en français, que sur les pendules pour indiquer l'heure, et dans certains noms de nombres ordinaux.

LOCUTIONS

Singulier.	Hier ist	Voici.	*Mot à mot :*	Ici est.	
	Da ist.	Voilà.	—	Là est.	
Pluriel . .	Hier sind.	Voici.	—	Ici sont.	Quand le substantif est au pluriel.
	Da sind.	Voilà.	—	Là sont.	

Exercices

VERSION

1. Hier ist meine Bibliothek. — *Hire ist maïn'eu Bibliothèque.*

2. Haben Sie eine? — *Hâb'n sie aïn'eu.*

3. Haben Sie eine Lampe? — *Hâb'n sie aïn'eu Lammp'eu.*

4. Hier ist meine. — *Hire ist maïn'eu.*

5. Wo ist das Brett? — *Vo ist dass Brett.*

6. Da ist eines. Brauchen Sie dieses? — *Dà ist aïn'euss. Braouch'n sie dis'euss.*

7. Haben Sie Bücher? — *Hâb'n sie Bûch'r?*

8. Ich habe keine. — *Ich hâb'eu kaïn'eu.*

9. Hast du eine Tapete gekauft? — *Hasst dou aïn'eu Tapêt'eu guékaouft.*

10. Ich habe eine gekauft. — *Ich hâb'eu aïn'eu guékaouft.*

11. Wir haben gestern eine Tapete, eine Feuerzange und eine Schaufel gekauft. — *Vir hâb'n guést'rn aïn'eu Tapêt'eu aïn'eu Foïrtsanng'eu ound aïn'eu Chaouf'l guékaouft.*

12. Unsre Schwester hat ihr Zimmer gekehrt; hat sie Ihres gekehrt? — *Ounsr'eu Chvest'r hatt ir Tsim'r guékèrt; hatt sie ir's guékèrt?*

13. Hat sie ihre Lektion gelernt? — *Hatt sie ir'eu Lectiône guélernt?*

14. Wer hat deinem (*datif*) Vater diesen (*accusatif*) Bücherschrank geschenkt? — *Vér hatt daïn'm Fât'r dis'n Bûch'rschrannk guéchennkt?*

15. Zeige deinem (*datif*) Vater deine Aufgabe. — *Tsaïj'eu daïn'm Fât'r daïn'eu Aoufgâb'eu.*

16. Hast du ein Lineal? — *Hasst dou aïn Linéâle.*

17. Ich habe keines. — *Ich hâb'eu Kaïn's.*

18. Haben Sie einen Federhalter? — *Hâb'n sie aïn'n Féd'rhalt'r?*

19. Hier ist einer. — *Hire ist aïn'r.*

20. Suche deine Abschrift. — *Zouch'eu daïn'eu Apschrift.*

21. Haben Sie Löschpapier? — *Hâb'n sie Leuchpapir.*

22. Ich hatte nie Löschpapier und ich habe noch keines. — *Ich hatt'eu ni Leuchpapir ound ich hâb'eu noc Kaïn's.*

23. Haben Sie Ihrer Tochter Hefte gekauft? — *Hâb'n sie Ir'r Tocht'r Heff'eu guékaouft?*

24. Wirst du bald deine Lektion gelernt, und deine Aufgaben gemacht haben? — *Virst dou bald daïn'eu Lectïone guélernt ound daïn'eu aoufgâb'n guémacht hâb'n?*

25. Ich werde sie bald geendigt haben. — *Ich verd'eu sie bald guéenndigt hâb'n.*

26. Wann hättest du deine Aufgabe geendigt? — *Vann hatt'st dou daïneu Aoufgâb'eu guéenndigt?*

27. Wo hast du das Tintenfaß gestellt und das Buch gelegt? — *Vo hasst dou das Tinntennfass guéchtellt ound dass Bouch guélégt.*

28. Haben Sie einen Bleistift? — *Hâb'n sie aïn'n Blaïchtifft?*

29. Ich habe keinen. — *Ich hâb'eu Kaïn'n.*

30. Hier ist einer. — *Hire ist aïn'r.*

31. Schicken Sie mir Papier. — *Schikk'n sie mir Papir.*

32. Da sind Bücher und Hefte. — *Da zinnd Büch'r ound Heff'eu.*

33. Hier sind Federn. — *Hire zinnd Féd'rn.*

34. Brauchen Sie diese oder jene? — *Braouch'n sie diz'eu od'r iên'eu?*

THÈME

1. Avez-vous une bibliothèque? — 2. Voici ma bibliothèque.

3. C'est (es ist) ma lampe; où est la tienne?

4. Voilà votre cahier, et voici (le) mien; avez-vous besoin de celui-ci ou de celui-là?

5. Achetons du tabac et des cigares. — 6. Je ne fume jamais.

7. Mon père a acheté une pipe et (du) tabac.

8. Le toit de la (*gén.*) maison. — 9. La servante de ma mère.

10. La petite-fille de cet homme.

11. La copie de cet élève-là. — 12. Les devoirs de mes élèves.

13. Les devoirs de mon enfant. — 14. L'encre de mon encrier.

15. La table de ma chambre.

16. Elle eut vite appris sa leçon (*pl. q. parf.*)

17. Elle l'aurait apprise (*p. q. parf. du subj.*) vite, mais elle n'avait pas son livre. — 18. L'eusses-tu fait?

19. Aurais-tu donné tes livres à cet enfant?

20. Envoie ton dessin à ton père.

21. La servante a balayé toutes (les) chambres, mais elle n'a pas balayé la nôtre.

22. Avez-vous un balai? — (En) voici un.

23. Notre servante a acheté ce balai; où l'a-t-elle acheté? (où a-t-elle *lui* acheté?).

24. Vous achèterez une glace. — 25. Les vitres de ma fenêtre.

26. Les toits des maisons.

27. J'ai besoin (de) votre coupe-papier; je n'en ai pas (j'en) ai *aucun*). — 28. (En) voici un.

29. J'ai une plume, un (*acc.*) crayon et une règle; mais je n'ai pas de papier et pas d'encre (*ne pas de* kein, variable).

30. J'ai un cabinet de travail. — 31. (En) avez-vous un?

Remarque. — *En* ne se traduit pas devant ein et kein, ainsi que l'indiquent les parenthèses. De même, *du, de la, des*, pris dans le sens *partitif*, ne se traduisent pas. Ils sont pris dans le sens partitif quand ils signifient : *un peu de, une certaine partie de, un certain nombre de.*

Dix-neuvième leçon

CORRIGÉS DES EXERCICES DE LA 18e LEÇON

Corrigé de la Version

1. Voici ma bibliothèque. — 2. (En) avez-vous une?

3. Avez-vous une lampe? — 4. Voici la mienne.

5. Où est la planche?

6. (En) voilà une; avez-vous besoin de celle-ci?

7. Avez-vous (des) livres?

8. Je n'(en) ai pas (j'ai *aucuns*) (*pluriel*).

9. As-tu acheté un tapis? — 10. J'(en) ai acheté un.

11. Nous avons acheté hier un tapis, des pincettes (*singulier en allemand*) et une pelle.

12. Notre sœur a balayé sa (à elle) chambre; a-t-elle balayé la nôtre? — 13. A-t-elle appris sa leçon?

14. Qui a donné cette bibliothèque à ton père? (*datif et accusatif; d'abord complément indirect, puis complément direct*).

15. Montre ton devoir à ton père (*datif et accusatif*).

16. As-tu une règle? — 17, Je n'(en) ai pas (j'ai *aucune*).

18. Avez-vous un porte-plume? — 19. (En) voici un.

20. Cherche ta copie. — 21. Avez-vous (du) papier buvard?

22. Je n'eus jamais de papier buvard, et je n'en ai encore pas (j'ai encore *aucun*).

23. Avez-vous acheté (des) cahiers à votre fille? (*Datif, puis accusatif*).

24. Auras-tu bientôt appris ta leçon et fait tes devoirs? (*même auxiliaire pour les deux participes*).

25. Je les aurai bientôt finis.

26. Quand aurais-tu (eusses-tu) fini ton devoir?

27. Où as-tu mis l'encrier et le livre? (*Deux verbes différents, suivant la position de l'objet.* — 1er verbe: *mis debout;* 2e verbe: *mis couché*).

28. Avez-vous un crayon? — 29. Je n'(en) ai pas.

30. (En) voici un. — 31. Envoyez-moi (du) papier.

32. Voilà (des) livres et (des) cahiers.

33. Voici des plumes.

34. Avez-vous besoin de celle-ci ou de celle-là?

Corrigé du Thème

1. Haben Sie eine Bibliothek? — 2. Hier ist meine Bibliothek.
3. Es ist meine Lampe; wo ist deine?
4. Da ist Ihr Heft und hier ist meines; brauchen Sie dieses oder jenes?
5. Lasset uns Tabak und Cigarren kaufen.
6. Ich rauche niemals.
7. Mein Vater hat eine Pfeife und Tabak gekauft.
8. Das Dach des Hauses. — 9. Die Magd meiner Mutter.
10. Das Mädchen dieses Mannes.
11. Die Abschrift jenes Schülers.
12. Die Aufgaben meiner Schüler.
13. Die Aufgaben meines Kindes.
14. Die Tinte meines Tintenfasses.
15. Der Tisch meines Zimmers.
16. Sie hatte ihre Lektion schnell gelernt.

17. Sie hätte sie schnell gelernt, aber sie hatte ihr Buch nicht.
18. Hättest du es gemacht?
19. Hättest du diesem Kinde deine Bücher geschenkt?
20. Schicke deinem Vater deine Zeichnung.
21. Die Magd hat alle Zimmer gekehrt; aber sie hat unsers nicht gekehrt.
22. Haben Sie einem Besen? Hier ist einer.
23. Unsre Magd hat diesen Besen gekauft; wo hat sie ihn gekauft?
24. Sie werden einen Spiegel kaufen.
25. Die Scheiben meines Fensters. — 26. Die Dächer der Häuser.
27. Ich brauche Ihr Papiermesser; ich habe keines.
28. Hier ist eines. — 29. Ich habe eine Feder, einen Bleistift und ein Lineal; aber ich habe kein Papier und keine Tinte.
30. Ich habe ein Arbeitszimmer. — 31. Haben Sie eines?

SUITE DES NOMS DE NOMBRE

Pour traduire les nombres qui représentent les dizaines, on traduit d'abord le chiffre des dizaines comme s'il représentait des unités, et on ajoute la terminaison zig.

Exemple : **40** *quarante*. **4**, vier; terminaison zig.

Vierzig.

Zwanzig, **20**, vingt, est une forme irrégulière pour zweizig.
Dreißig, **30**, trente, se dit par euphonie pour dreizig.
Voici les dizaines jusqu'à 100, d'après cette règle :

20	zwanzig,	*tsvanntsij*,	vingt.	(*Voir prononciation* ig, Éducation *n°* 2. *p.* 10 et 11.)
30	dreißig.	*draïssij*,	trente.	Id.
40	vierzig,	*firtsij*,	quarante.	Id.
50	fünfzig,	*funnftsij*,	cinquante.	Id.
60	sechzig,	*sejtsij*,	soixante.	(*Voir prononciation* ch, Éducation *n°* 2, *p.* 10 et 11.)
70	siebzig,	*zibtsij*,	soixante-dix.	
80	achtzig,	*achtsij*,	quatre-vingts.	(*Voir prononciation* ach, *p.* 10.
90	neunzig,	*noïntsij*,	quatre-vingt-dix.	
100	hundert,	*hounnd'rt*,	cent	

Sechzehn et sechzig.

Dans sechzig, soixante, nous avons retranché la lettre s qui se trouvait dans sechs, six; cela s'explique par la présence du z de la terminaison zig; mais tandis que nous prononcions : sechs, *zex*, nous devons prononcer le ch dans le composé sechzig, comme nous avons enseigné à prononcer les syllabes ech, ich, üch, öch, etc. (*Éducation* nº 2, p. 11). On dit donc: *sejtsij* (et non : *sexij* ou même *sektsij*). De même pour le mot : *seize*, sechzehn, qui se prononce : *sejtsaine.*

Siebzehn et siebzig

Au lieu de : siebenzehn, **17**, et siebenzig, **70**, on emploie généralement les formes abrégées siebzehn et siebzig, où la syllabe en a été retranchée du chiffre sieben.

SOIXANTE-DIX. — QUTRE-VINGTS. — QUATRE-VINGT-DIX.

La numération française est pleine d'irrégularités. Nous avons emprunté des nombres à notre langue mère, le latin; au lieu de *dix-un, dix-deux, dix-trois, dix-quatre, dix-cinq, dix-six*, nous employons les mots : onze, douze, treize, quatorze, quinze, seize; la régularité ne reparait qu'avec dix-sept, dix-huit, dix-neuf.

Les mots qui expriment les dizaines ont été, de même, tirés du latin: on a dit : *vingt, trente, quarante, cinquante, soixante*, au lieu de : *deux dix, trois dix, quatre dix, cinq dix, six dix.*

Il n'y aurait rien à regretter, si on était resté jusqu'au bout fidèle au même système; mais on s'est arrêté brusquement à partir de **70**; on a conservé d'anciennes dénominations d'une numération hors d'usage; de **70** à **80**, on compte comme de **10** à **20**, et l'on dit : soixante-onze, soixante-douze, etc. Le nombre *quatre-vingts* rappelle une ancienne numération en usage chez nos pères; le nombre *six-vingts* pour **120**, l'hospice des *Quinze-Vingts* sont des restes de cette numération.

De **90** à **100**, nous comptons comme de **10** à **20** et de **70** à **80**; nous disons donc : **91**, quatre-vingt-onze; **92**, quatre-vingt-douze, etc.

Dans certaines régions, surtout vers le midi de la France, on est resté fidèle jusqu'au bout aux formes latines, et on dit encore de nos jours :

	70 *septante*,	au lieu de :	soixante-dix.
	80 *octante*,	—	quatre-vingts.
	et aussi *huitante*,		
	90 *nonante*,	—	quatre-vingt-dix.

et l'on compte :

	71 *septante-un*,	et non :	soixante-onze.
	72 *septante-deux*,	—	soixante-douze.
	Etc.		Etc.
De même :	**81** *octante-un*,	—	quatre-vingt-un.
	ou *huitante-un*,		
	82 *octante-deux*	—	quatre-vingt-deux.
	Etc.		Etc.
	91 *nonante-un*,	—	quatre-vingt-onze.
	92 *nonante-deux*,	—	quatre-vingt-douze,
	Etc.		Etc.

La numération y gagne en clarté, en régularité; pour traduire les nombres allemands de **70** à **100**, il faudra se reporter à ces formes du midi de la France. Si l'on doit traduire :

71 soixante et onze,	on songera à	*septante-un*,	ein und siebzig.
87 quatre-vingt-sept,	—	*octante-sept*,	sieben und achtzig.
93 quatre-vingt-treize,	—	*nonante-trois*,	drei und neunzig.

en tenant toujours compte de la règle qui veut que *les unités soient placées avant les dizaines.*

De 100 à 102.

101 (Ein) hundert eins,	ou hundert und eins,	cent un.
102 (Ein) hundert zwei,	ou hundert und zwei,	cent deux.
103 (Ein) hundert drei,	ou hundert und drei,	cent trois.
Etc.		
110 (Ein) hundert zehn,	ou hundert und zehn,	cent dix.
112 (Ein) hundert zwölf,	ou hundert und zwölf,	cent douze.
Etc.		
119 (Ein) hundert und neunzehn,		cent dix-neuf.
120 (Ein) hundert und zwanzig,		cent vingt.
121 (Ein) hundert ein und zwanzig,		cent vingt-un.
122 (Ein) hundert zwei und zwanzig,		cent vingt-deux.

On procédera de même avec tous les autres nombres de **120** à **200** et de **200** à **300**.

200	Zwei hundert,	Deux cents.
300	Drei hundert,	Trois cents.
900	Neun hundert,	Neuf cents.
987	Neun hundert sieben und achtzig.	
1.000	Tausend,	Mille.
10.000	Zehn tausend,	Dix mille.
100.000	Hundert tausend,	Cent mille.

A cause de l'importance du chiffre **100.000**, cent mille, on le fait ordinairement précéder du mot : einmal, *une fois*,

100.000 se traduit : Einmal hundert tausend,
900.000 — Neunmal hundert tausend,
1.000.000 Eine Million, un million; *pluriel*, Millionen.
1.000.000.000 Tausend Millionen, oder eine Milliarde.
Mille millions, *ou* un milliard.
5.000.000.000 Fünf Milliarden.

Arrêtons-nous à ce chiffre trop célèbre; nous le prendrons comme limite de la numération parlée.

La numération est, comme on l'a vu, d'une grande simplicité en allemand; elle ne présente aucune irrégularité et peut être apprise en quelques instants. Pour lire un nombre ordinaire, nous n'avons besoin de connaître que quatorze mots simples :

1° Les unités de **1** à **10** 10
2° Les mots *cent*, hundert, et *mille*, tausend, 2
3° Les mots *onze* et *douze*, elf et zwölf, les 2 seuls qui ne suivent pas les règles données.

Le procédé est le même qu'en français : il consiste à décomposer un nombre en unités de différents ordres; dix unités d'un ordre quelconque valent une unité de l'ordre immédiatement supérieur; les unités se distribuent en classes valant chacune mille unités de la classe inférieure.

Traduisez les nombres suivant :

1. Fünf und zwanzig. *funnf' ound tsvanntsig.*
2. Zwei und siebzig. *Tswaï ound Zibtsig.*
3. Vier und achtzig. *Fir ound achtsig* (Prononciation de ach page 10).
4. Neun und sechzig. *Noïne ound Zechtsig.*
5. Sieben und dreißig. *Zib'n ound draïssig.*

6. Acht und neunzig. *Acht ound noïntsig.*

7. (Ein) hundert und zwei. *(Aïne) houndeurt ound tsvaï.*

8. Zwei hundert. *Tsvaï houndeurt.*

9. Vier hundert und vier. *Fire hound'eurt ound fire.*

10. Sechs hundert fünf und neunzig. *Zeks hound'eurt funnf ound noïntsig.*

11. (Ein) tausend und drei. *(Aïne) Taouzennd ound draï.*

12. Sieben tausend und zwei. *Zib'n Taouzennd ound tsvaï.*

13. Ein tausend acht hundert acht und achtzig. *Aïne Taouzennd acht houndeurt acht ound achtsig.*

14. Ein tausend sechs hundert acht und vierzig. *Aïne taouzennd zeks houndeurt acht ound firtsig.*

15. Ein tausend acht hundert und siebzig. *Aïne taouzennd acht houndeurt ound Ziblsig.*

16. Fünf tausend sieben hundert rei und dreißig. *Funnf taouzennd zib'n houndeurt draï ound draïssig.*

17. Dreimal hundert tausend vier und achtzig. *Draïmâle houndeurt taouzennd fire ound achtsig.*

18. Neun Millionen vier hundert und vierzig tausend drei und vierzig. *Noïne Milliôn'n fire houndeurt ound firtsig taouzennd draï ound draïssig.*

19. Sechs Millionen fünf und sechzig tausend ein hundert sieben und siebzig. *Zeks Milliôn'n funnf ound zechtsig taouzennd aïne houndert zib'n ound ziblsig.*

Remarque. — En français, nous disons indifféremment : *mille* (ou *mil*) *huit* cents, ou *dix-huit* cents, le nombre des syllabes étant le même dans les deux cas; de même on dirait : mille sept cents aussi bien que : dix-sept cent; mille neuf cent que : dix-neuf cents; mais il y a avantage à dire : onze cents, plutôt que : mille un cent; douze cents plutôt que : mil deux cents, et ainsi de suite jusqu'à dix-sept cents.

En allemand, il y a presque toujours avantage, dans la conversation, à se servir, de **1.100** à **2.000,** des mots : elf, zwölf, etc.

Ainsi, il vaudrait mieux dire :

1100 Elf hundert que ein tausend ein hundert.

Etc.

1800 Achtzehn hundert que ein tausend acht hundert.

Les trois derniers nombres de l'exercice précédent s'écriraient donc mieux :

13. Achtzehn hundert acht und achtzig.
14. Sechzehn hundert vier und achtzig.
15. Achtzehn hundert und siebzig.

1° 19. — 2° 11. — 3° 29. — 4° 33. — 5° 66. — 6° 95. — 7° 130. — 8° 109. — 9° 900. — 10° 1.007. — 11° 1.209. — 12° 1.515. — 13° 1.419. — 14° 1.811. — 15° 1.789. — 16° 9.764. — 17° 12.765. — 18° 31.946. — 19° 328.504. — 20° 900.431. — 21° 8.004.307.

Vingtième leçon

Corrigé des exercices sur les Noms de nombre.

VERSION.

1. 25	6. 98	11. 1.003	16. 5.733
2. 72	8. 102	12. 7.002	17. 300.084
3. 84	8. 200	13. 1.888	18. 9.440.043
4. 69	9. 404	14. 1.648	19. 6.065.177
5. 37	10. 695	15. 1.870	

THÈME.

1. Neunzehn	19.	2. Elf	11.
3. Neun und zwanzig	29.	4. Drei und dreißig	33.
5. Sechs und sechzig	66.	6. Fünf und neunzig	95.
7. Hundert und dreißig	130.	8. Hundert und neun	109.
9. Neun hundert	900.	10. Ein tausend und sieben	1007.
11. Zwölf hundert und neun	19.		

12. — 1.515 Fünfzehn hundert und fünfzehn.
13. — 1.459 Vierzehn hundert und neunzehn.
14. — 1.811 Achtzehn hundert und elf.
15. — 1.789 Siebzehn hundert neun und achtzig.
16. — 9.764 Neun tausend sieben hundert vier und sechzig.
17. — 12.765 Zwölf tausend sieben hundert fünf und sechzig.

18. — 31.946 Ein und dreißig tausend neun hundert sechs und vierzig.
19. — 328.504 Drei hundert acht und zwanzig tausend fünf hundert und vier.
20. — 900.431 Neunmal hundert tausend vier hundert ein und dreißig.
21. — 8.004.307 Acht Millionen vier tausend drei hundert und sieben.

Récapitulation

Exercices de Prononciation

Nous prions nos lecteurs de vouloir bien se reporter aux numéros 1, 2, 3 du journal l'*Éducation*, et de relire avec soin les règles que nous avons données sur la prononciation des voyelles, des consonnes et des syllabes.

Jusqu'ici nous avons marqué soigneusement les syllabes accentuées longues ou brèves à l'aide de signes particuliers: les syllabes accentuées *brèves* ont été surmontées du signe (◡) et les syllabes longues ont été surmontées du signe (—). Dans plusieurs circonstances, nous avons cru inutile de continuer à marquer l'accent des mots qui avaient été souvent répétés. Il en sera de même à l'avenir.

Au point où nous en sommes arrivés dans notre cours d'allemand, nous croyons utile de faire halte un moment, de jeter un regard en arrière et de bien fixer dans notre mémoire les étapes parcourues.

Pour cette récapitulation générale, nous commencerons par un nouvel exercice de prononciation. Mais, cette fois, nous donnerons la traduction interlinéaire du morceau. Les connaissances acquises rendront cette traduction intelligible à nos lecteurs; il n'en aurait pas été de même au début pour le premier; nous ne faisions qu'une leçon de prononciation, et rien de plus. Cependant, pour satisfaire la curiosité de quelques lecteurs nous donnons aujourd'hui la traduction de la première leçon. (Voir l'*Éducation* nº 3, p. 21, 22, 23, 24.

TRADUCTION DU PREMIER EXERCICE (nº 2, p. 21, 22, 23, 24.)

Problème. — Exemple de calcul.

On ne croirait pas qu'un homme qui cherche la fortune par des moyens frivoles puisse, en gagnant chaque fois, perdre toujours, et y laisser à la fin, son avoir et sa fortune. Mais le fait est exact.

On raconte qu'un homme qui préférait gagner sa vie dans l'oisiveté, par des moyens malhonnêtes, plutôt que par l'application et le travail, avait fait un pacte avec l'esprit malin. Notre homme demeurait au bord d'un cours d'eau, et le diable lui promit de doubler tout l'argent comptant qu'il pouvait avoir chez lui, si avec cet argent il traversait le pont; il ne lui demandait qu'une chose, c'est de jeter à l'eau, en repassant, une pièce de 24 kreuser; il l'autorisait à renouveler l'expérience autant de fois qu'il le voudrait. Notre homme naïf accepte avec joie, rassemble tout l'argent comptant qu'il a chez lui, fait le premier essai; et cette fois le diable paraît être honnête, car il tient parole, et notre homme aussi, naturellement.

Combien de fois, combien de temps notre heureux homme peut-il répéter son mouvement d'aller et de retour sur le pont? Trois fois en tout; car, lorsqu'il revint pour la troisième fois avec son capital doublé, et qu'il jeta dans l'eau l'impôt convenu, l'esprit malin possédait tout son argent jusqu'au dernier rouge liard, et le pauvre homme dupé rentra chez lui les poches vides.

A combien peut s'être élevé d'abord le capital de la pauvre dupe que nous avons fait passer trois fois sur le pont? Réponse: 21 kreuser. Car lorsque cette somme fut doublée la première fois, il avait 42 kreuser; retranchez 24, restent 18 kreuser.

La deuxième fois, 36 kreuser; retranchez 24, restent 12 kreuser.

La troisième fois, 24 kreuser; et c'est précisément la somme qu'il lui fallait pour tenir parole è son astucieux ennemi.

Version et exercice de prononciation.

Der Māler und sein Meīster.

Prononciation: *Derr Mâl'r ound saïn Maïst'r.*

Traduction: **Le Peintre et son Maitre.**

1. Ein jūnger Māler hatte ein vōrtreffliches Bild
Aïnn ioung'r Mâl'r hatte aïn fôrtrèfflich's Bild
Un jeune peintre avait un excellent tableau (image)

2. gefertigt, das beste welches er je gemacht
guéfertigt, dass besten vélch's err ié guémacht
fait, le meilleur que (lequel il jamais fait

3. hatte. Sein Meister selbst fand nichts daran zu
hatteu. Zaïu Maïst'r zelbst fannd nichts daran tsou
avait. Son Maitre lui-même trouvait rien en lui à

4. tadeln. Der junge Maler aber war so entzückt
tâd'ln. Derr iounguen Mâl'r âb'r vâr so enntsuckt
blâmer. Le jeune peintre mais était (fût) si enchanté

5. darüber, daß er unaufhörlich das Werk
darüb'r dass, èr ounaoufheurlich das Verk
de cela (son tableau) que il sans cesse l' ouvrage

6. seiner Kunst betrachtete, und seine Studien
zaïn'r Kounst bétrachteuteu, ound zaïneu Chtoûdienne
de son art contemplait, et ses études

7. einstellte. Eines Morgens, fand er daß sein Meister
aïnchtellteu. Aïn's Morjenns fannd er dass zaïnn Maïst'r
abandonnait. Un matin, trouve-t-il que son maître

8. das ganze Gemälde ausgelöscht hatte. Zürnend und
das ganntseu Guémèldeu aousguéleucht hateu. Tsurnennd ound
le entier tableau effacé avait. Irrité et

9. weinend rannte er zu ihm und fragte nach der
vaïnennd ranntcu èr tsou ime ound frageu nach dér
pleurant, courut- il chez lui et demanda après la

10. Ursache des grausamen Verfahrens.
Ourzacheu dess graouzâm'n Ferrfârenns.
cause du cruel procédé.

11. Der Meister antwortete: Das Gemälde war gut
Derr Maïst'r anntvorteuteu: Das Guémèldeu vâr goûte
Le maître répondit: Le tableau était bon

12. als Beweis deines Fortschrittes, aber es war
allse Béraise daïn's Forrtchritt's, âb'r ess vâr
comme preuve de tes progrès, mais il était

13. zugleich dein Verderben. Wie? fragte der
tsouglaïche daïn Ferderb'n. Vie? frâgteu derr
en même temps ta perte. Comment ? demanda le

14. junge Künstler. Der Meister antwortete: „Du liebtest
Younngueu Kunstl'r. Derr Maïst'r anntvorteuteu Dou libteust
jeune artiste. Le maître répondit : Tu n'aimais

16. nicht mehr die Kunst in deinem Bilde
nicht maire di Kounst inn daïn'm Bildeu,
plus l' art dans ton image,

17. sondern nur dich selbst. Da nimm den
zond'rn noûr dich zelbste. Da nimme denn
mais au contraire seulement toi- même. Alors prends le

18. Pinsel und siehe was du von Neuem
Pinns'l ound siheu vass dou fon noïemm
pinceau et vois quoi, ce que tu de nouveau

19. erschaffest. Muthig und voll Zutrauen zu sich
erchaffeust. Moûtij ound foll Tsoutraouenne tsou zich
crées. Courageux et plein de confiance en soi

20. und zu seinem Lehrer, ergriff er den Pinsel und
ound tsou zaïnn'm Lèr'r, ergriff èr denn Pinns'l ound
et en son maître, saisit- il le pinceau et

21. vollendete sein herrlichstes Werk: das Opfer der
follenndeuteu zaïn herrlichsteus Verk: das Opf'r derr
acheva son plus bel ouvrage : le sacrifice d'

22. Iphigenie. Der Name des Künstlers war Timanthes.
Iphiguénieu. Derr Nâmeu dess Kunnstleurs var Timannt's.
Iphigénie. Le nom de l'artiste était Timanthe.

Remarque. — L'apostrophe par laquelle nous remplaçons l'e dans certaines terminaisons, comme dans le mot Opfer, que nous figurons *Opf'r*, a pour but de rappeler que l'e doit être prononcé aussi faiblement que possible.

Vingt et unième leçon

Récapitulation (suite)

SUBSTANTIFS DÉJA VUS (*par ordre alphabétique*).

A	1. die Abschrift (*pl.* en)	la copie.
	2. das Arbeitszimmer	le cabinet de travail.
	3. die Aufgabe (*pl.* n)	le devoir.
B	4. die Base (*pl.* n)	la cousine.
	5. der Besen	le balai.
	6. das Bett (*pl.* en)	le lit.
	7. die Bibliothek (*pl.* en)	la bibliothèque.
	8. das Bild (*pl.* er)	l'image.
	9. der Bleistift (*pl.* e)	le crayon.
	10. das Brett (*pl.* er)	la planche.
	11. das Buch (*pl.*" er)	le livre.
C	12. die Cigarre (*pl.* n)	le cigare.
	13. die Cigarette (*pl.* n)	la cigarette.
	14. die Cousine (*pl.* n)	la cousine.
D	15. das Dach (*pl.*" er)	le toit.
	16. die Eltern	les parents.
F	17. die Familie (*pl.* n)	la famille.
	18. die Feder (*pl.* n)	la plume.
	19. der Federhalter	le porte-plume.
	20. das Fenster	la fenêtre.
	21. das Feuer	le feu.
	22. die Feuerschaufel (*pl.* n)	la pelle à feu.
	23. die Feuerzange	les pincettes.
	24. die Frau (*pl.* en)	la dame.
	25. der Fußboden (*pl.* die Fußböden)	le plancher.

G	26. das Gemälde	le tableau.
	27. die Geschwister	les frères et sœurs.
	28. der Großvater (*pl.* ä)	le grand-père.
	29. die Großmutter (*pl.* ü)	la grand'mère.
	30. das Haus (*pl.*" er)	la maison.
	31. das Heft (*pl.* e)	le cahier.
	32. das Holz (*pl.* er ou e)	le bois.
	33. das Kind (*pl.* er)	l'enfant.
	34. das Kamin (*pl.* e)	la cheminée.
L	35. die Lampe (*pl.* n)	la lampe.
	36. der Lehnstuhl (*pl.*" e)	le fauteuil.
	37. die Lektion (*pl.* en)	la leçon.
	38. das Lineal (*pl.* e)	la règle.
	39. das Löschpapier	le papier buvard.
M	40. das Mädchen	la jeunne fille.
	41. die Magd (*pl.*" e)	la servanter
	42. der Mann (*pl.*" er)	l'homme, le mari.
	43. die Mauer (*pl.* n)	le mur.
	44. der Maurer	le maçon.
	45. die Mutter (*pl.* ü)	la mère.
O	46. der Ofen (*pl.* Oefen, ou Öfen)	le poêle.
	47. der Onkel	l'oncle.
P	48. das Papier (*pl.* e)	le papier.
	49. das Papiermesser	le couteau à papier.
	50. die Pfeife (*pl.* n)	la pipe.
S	51. die Schaufel (*pl.* n)	la pelle.
	52. die Scheibe (*pl.* n)	la vitre.
	53. das Schloß (*pl.* össer)	la serrure.
	54. der Schlosser	le serrurier.
	55. der Schlüssel	la clef.
	56. der Schrank (*pl.*" e)	l'armoire.
	57. die Schwester	la sœur.
	58. der Sohn (*pl.*" e)	le fils.
	59. der Spiegel	le miroir.

	60. der Stuhl (*pl.* " e)	la chaise.
T	61. der Tabak (*pl.* n)	le tabac.
	62. die Tante (*pl.* n)	la tante.
	63. die Tapete (*pl.* n)	la tenture.
	63. (bis). dar Teppig (*pl.* e)	le tapis.
	64. die Thür (*pl.* en)	la porte.
	65. die Tinte (*pl.* n)	l'encre.
	66. das Tintenfaß (*pl.* " er)	l'encrier.
	67. der Tisch (*pl.* e)	la table.
	68. die Tochter (*pl.* ")	la fille.
	69. der Tüncher	le badigeonneur.
V	70. der Vater (*pl.* Väter)	le père.
	71. der Vetter (*pl.* n)	le cousin.
W	72. die Wand (*pl.* " e)	le mur.
Z	73. die Zange (*pl.* n)	la pincette.
	74. die Zeichnung (*pl.* en)	le dessin.
	75. das Zimmer	la chambre.
	76. die Zimmerdecke (*pl.* n)	le plafond.

Remarque sur les Substantifs.

les cas indiqués sont les nominatifs.

Le signe (") que nous joignons à la terminaison du pluriel indique que l'inflexion doit être mise sur la voyelle du radical :

Exemples :

das Dach (*pl.* " er).	*Pluriel.*	die Dächer	les toits
der Sohn (*pl.* " e).	—	die Söhne	les fils.
die Wand (*pl.* " e).	—	die Wände	les toits.

Quand nous n'indiquons *rien* pour le pluriel, c'est que *le* substantif ne prend ni inflexion ni terminaison. Cependant, le datif pluriel prend toujours n quand les autres cas n'ont pas cette terminaison.

Exemples :

der Besen	*Pluriel.*	die Besen	les balais.	*Datif.*	den Besen
das Fenster	—	die Fenster	les fenêtres.	—	den Fenstern

Nominatif semblable à l'Accusatif

Comme nous avons eu soin de le dire, dans tous les substantifs *indiqués jusqu'ici, le nominatif est semblable à l'accusatif*, autrement dit: le substantif ne varie pas, qu'il soit *sujet* ou *complément direct*.

Exemples :

Nominatif.	*Accusatif.*
der Besen	den Besen
das Brett	das Brett
die Lampe	die Lampe

L'accusatif masculin seul diffère par son article den, du nominatif der.

Cette règle de la ressemblance du nominatif et de l'accusatif est *absolue* pour le *féminin* et le *neutre*; le masculin seul présentera quelques exceptions faciles à retenir.

Génitif.

Génitif des Masculins et des Neutres.

Nous avons appris à former les génitifs des substantifs en ajoutant es ou s pour les masculins et les neutres. (Les exceptions seront les mêmes que pour la règle précédente).

Former oralement et par écrit le génitif de tous les substantifs déjà vus d'après le modèle suivant :

Nom.	die Base	la cousine.	*Gén.*	der Base	de la cousine.
—	der Besen	le balai.	—	des Besens	du balai.
—	das Bett	le lit.	—	des Bettes	du lit
—	das Bild	l'image.	—	des Bildes	de l'image.
—	das Cigarre	le cigare.	—	der Cigarre	du cigare.
—	der Vater	le père.	—	des Vaters	du père.
—	der Onkel	l'oncle.	—	des Onkels	de l'oncle.

Continuer de même pour les substantifs cités plus haut.

Dorénavant, nous indiquerons pour tous les substantifs la terminaison du génitif, et le pluriel.

Récapitulation des Verbes

Sur kaufen.

1.	Bau=en	bâtir	baute	gebaut
2.	Brauch=en	avoir besoin / employer	brauchte	gebraucht
3.	Ehr=en	honorer	ehrte	geehrt
4.	Endig=en	terminer	endigte	geendigt
5.	Hab=en	avoir	hatte	gehabt
6.	Kauf=en	acheter	kaufte	gekauft
7.	Kehr=en	balayer	kehrte	gekehrt
8.	Leg=en	mettre (à plat)	legte	gelegt
9.	Lern=en	apprendre	lernte	gelernt
10.	Lieben	aimer	liebte	geliebt
11.	Lob=en	louer	lobte	gelopt
12.	Machen	faire	machte	gemacht
13.	Mal=en	peindre	malte	gemalt
14.	Reinig=en	nettoyer	reinigte	gereinigt
15.	Rauchen	fumer	rauchte	geraucht
16.	Schenken	donner	schenckte	geschenkt
17.	Schicken	envoyer	schickte	geschickt
18.	Schmücken	orner	schmückte	geschmückt
19.	Stellen	mettre debout	stellte	gestellt
20.	Suchen	chercher	suchte	gesucht
21.	Wärmen	chauffer	Wärmte	gewärmt
22.	Zeigen	montrer	zeigte	gezeigt

Ces verbes n'ont jamais besoin d'e euphonique ni au présent de l'indicatif, ni à l'imparfait, ni au participe passé.

Exemples: ich schmücke — j'orne, je parle
du schmück=st — tu ornes
er schmück=t — il orne

Imparfait: ich schmück=te — j'ornais

Participe passé: geschmückt — orné

Règle particulière pour les verbes en eln, ern.

Ändern	changer	ich ändre	du änderst	ich änderte
Liefern	fournir	ich liefre	du lieferst	ich lieferte
Tadeln	blâmer	ich table	du tadelst	ich tadelte
Prügeln	battre	ich prügle	du prügelst	ich prügelte

E euphonique.

Règle des Verbes terminés en d, t, th.

Sur arbeiten

Les suivants:

Arbeit-en	travailler	arbeit-ete	geaobeit-et
Bürst-en	brosser	bürst-ete	gebürst-et
Mieth-en	louer	mieth-ete	gemieth-et
Red-en	parler	red-ete	gered-et
Rett-en	sauver	rett-ete	gerett-et
Öffn-en	ouvrir	öffn-ete	geöffn-et
Rechn-en	cacleuler	rechn-ete	gerechn-et
Zeichn-en	dessiner	zeichn-ete	gezeichn-et

dont le radical est termlné par d, t, th, (dentales), ou par plusieurs consonnes dont la dernière est n, prennent l'e euphonique à l'indicatif présent, à l'imparfait, au participe passé et à l'impératif.

ich bürst-e	je brosse	ich bürst-ete	je brossais
du bürst-est	tu brosse	ich habe gebürst-et	j'ai brossé
er bürst-et	il brosse	gebürst-et	brossé

Etc.

Règle des sifflantes s, ß, z, sch, *etc.*

Quant aux verbes dont le radical est terminé par s, ß, tz et autres sifflantes, ils prennent l'e euphonique devant la terminaison de la deuxième personne du singulier.

Ce sont :

Reisen	voyager	ich reise	je voyage
		du reisest	tu voyages
		er reist	il voyage
Reißen	arracher	ich reiße	j'arrache
		du reißest	tu arraches
Reizen	exciter	ich reize	je charme
	charmer	—	j'excite
		du reizest	tu charmes

De même :

Schätzen	estimer
Stützen	appuyer
Trotzen	braver
Weißen	blanchir

Pour tünchen, *badigeonner*, on ne pourrait pas prononcer : du tünchst; on dit donc : du tünchest, et on fait de même avec tout verbe quand la prononciation devient impossible.

Vingt-deuxième leçon

Récapitulation (suite)

MOTS TRÈS USITÉS

Sur der :	le	es	ce, cela, le
dieser	ce... ci	ihn	lui, le
jener	ce... là	wer ?	qui ?
welcher	quel	was ?	que *ou* quoi ?
mancher	maint	wo	où ?
solcher	tel	wann ?	quand ?
aller	tout	warum ?	pourquoi ?

jeder	chaque	bald	bientôt
Sur ein:	un	für (*acc*)	pour
mein	mon	schnell	vite
dein	ton	oft	souvent
sein	son	nicht	ne pas
unser	notre	noch nicht	pas encore
euer	votre	nicht mehr	ne plus
ihr	leur	schon	déjà
kein	aucun	hier	ici
ich	je	da	là
du	tu	ja	oui
er	il	nein	non
sie	elle	immer	toujours
wir	nous	je (mals)	jamais
ihr	vous	nie (mals)	ne jamais
sie	ils	heute	aujourd'hui
Sie (*politesse*)	vous	gestern	hier
man	on	vielleicht	peut-être

Petits mots indispensables dans la conversation

Nous avons donné dès les premières leçons et nous venons de revoir les petits mots très courts indispensables dans la conversation la plus simple, la plus élémentaire, et nécessaires pour faire une demande ou une réponse.

Demandes : Wer? qui? — Was? que *ou* quoi? — Wo? où? Wann? quand? — Warum? pourquoi?

Réponses : Ja, oui. — Nein, non. — Hier, ici. — Da, là. — Nicht, ne pas. — Noch Nicht, pas encore. — Nicht mehr, ne... plus. — Oft, souvent. — Schon, déjà.

Sujets : Er, il. — Sie, elle. — Sie, ils. — Sie, vous. — Man, on. — Es, il (*neutre*).

Compléments : Ihn, le (*complément masculin*). — Sie, elle (*féminin*). Es, le (*neutre*). — Sie, eux (les). — Sie, vous.

Troisième personne du singulier de l'indicatif présent, servant à trouver facilement : 1° l'imparfait, et 2° le participe passé

1° prendre la troisième personne du singulier de l'indicatif présent, ajouter e pour l'imparfait ; 2° mettre le préfixe ge pour le participe.

Er liebt (*3e pers. sing. ind. prés.*) *Imparfait*, er liebte. *Participe passé*, ge-liebt.

Er zeichnet (*3e pers. sing. ind. prés.*) *Imparfait*, er zeichnet-e. *Participe passé*, ge-zeichnet.

Place des pronoms es, ihn, sie, Sie

Ich lobe ihn. Je le loue (je loue lui).
Ich kaufe es. Je l'achète (j'achète elle: la maison).
Ich tadle sie. Je la blâme (je blâme elle).
Ich tadle Sie. Je vous blâme.
Ich habe ihn gelobt. Je l'ai loué (j'ai lui loué).
Ich werde Sie tadeln. Je vous blâmerai.
Ich werde sie tadeln. Je vous blâmerai.
Ich werde sie tadeln. Je la blâmerai (je vais elle blâmer).

Place du participe passé et de l'infinitif

Meine Mutter hat die Zimmer gekehrt. Ma mère a balayé les chambres.

Deine Schwester wird unser Zimmer kehren. Ta sœur balayera notre chambre.

Er würde euer Haus kaufen. Il achèterait votre maison.

participe 1 infinitif 2

Sie wird bald das Fenster gereinigt haben. Elle aura bientôt nettoyé la fenêtre.

Impératif composé, et autres formes de l'impératif

Lieben wir uns(e)re Eltern. Aimons nos parents.
Lasset uns unsere Eltern lieben. Aimons nos parents.

Laſſet uns die Kinder lieben. Aimons les enfants.

Kaufe kein Haus. N'achète pas de maison.

Kaufen Sie eine Pfeife und Tabak. Achetez (*forme polie*) une pipe et du tabac.

Place de la négation nicht *après le complément direct*

Lieben Sie ihn nicht? Ne l'aimez-vous pas?

Lieben Sie Ihr Kind nicht? N'aimez-vous pas votre enfant?

Ich kaufe dieſes Buch nicht. Je n'achète pas ce livre.

Man hat es nicht gemacht. On ne l'a pas fait.

Seine Mutter liebt ihn nicht; ſie hat ihn nie geliebt. Sa mère ne l'aime pas, elle ne l'a jamais aimé.

Nicht *devant un substantif remplacé par* kein

Ich kaufe ein Buch nicht ne se dit pas, mais : ich kaufe kein Buch.

N'avez-vous *pas* bâti *une* maison? Haben Sie kein Haus gebaut?

Je *n'*ai *pas* acheté d'images. Ich habe keine Bilder gekauft.

N'aviez-vous pas d'enfants? Hatten Sie keine Kinder?

Ils n'(en) avaient pas. Sie hatten kein-es (*est devenu pronom*).

Ils (en) avaient un. Sie hatten ein-es (*pronom*).

Place de als, **que**, *après une comparaison, ou quand le pronom ou substantif qui le suit est* sujet *d'un verbe sous-entendu*

Dessinera-t-il aussi bien *que* mon fils? Wird er ſo gut zeichnen, als mein Sohn? (Que mon fils dessine?)

Il a toujours mieux dessiné que toi. Er hat immer beſſer gezeichnet, als du (que tu as dessiné).

Nous n'avons jamais aussi bien travaillé que lui. Wir haben niemals ſo gut gearbeitet, als er.

Le, la *en français peuvent être d'un genre différent en allemand*

J'ai une lampe; je l'ai achetée hier (j'ai *elle* hier achetée). Ich habe eine Lampe; ich habe ſie geſtern gekauft.	Féminin. (Même genre) dans les deux langues.

Voici une table; qui l'a faite? (Qui a *elle* faite?) Hier ist ein Tisch; wer hat ihn gemacht?	Féminin en français. Masculin en allemand.
Da ist unser Haus; wer hat es gebaut? Voilà notre maison; qui l'a bâtie? (Qui a elle bâtie)?	Féminin en français. Neutre en allemand.

Il faut donc toujours se préoccuper du genre de substantif, *non pas en français mais en allemand.*

Exemples sur les Verbes en eln, ern. *De l'e du radical ou de la terminaison supprimé.*

1. Ich prügle meinen Hund. Je bats mon chien.
2. Er hatte seinen Hund geprügelt. Il avait battu son chien.
3. Prügle ihn nicht. Ne le bats pas.
4. Man prügelte die Kinder nicht mehr. On ne battait plus les enfants.
5. Tadelt seine Söhne nicht. Ne blâmez pas ses fils.
6. Man ändre Nichts. Qu'on ne change rien.

Sie, **vous**, *sujet*, *complément.*

1. Sie haben immer gut gearbeitet; man tadelte Sie niemals. *Vous* avez avez toujours bien travaillé; on ne *vous* blâmait jamais.

2. Diese Kinder hatten ihre Aufgabe nicht gemacht; Sie haben sie getadelt. Ces enfants n'avaient pas fait *leur* devoir; *vous les* avez blâmés.

3. Haben Sie Ihre Bücher gekauft? Avez-*vous* acheté *vos* livres?

Imparfait du subjonctif au lieu du conditionnel présent.
Plus-que-parfait au lieu du conditionnel passé.

1. Würden Sie ihn gelobt haben? *Mieux:* Hätten Sie ihn gelobt? L'auriez-vous (eussiez-vous) loué.

2. Ich würde es nicht zeigen. Je ne le montrerais pas.

3. Hätten Sie es gezeigt? pour: Würden Sie es gezeigt haben? L'eussiez-vous montré? (L'auriez-vous).

4. Wem hätte er dieses Buch geschenkt? pour: Würde er... geschenkt haben? A qui eût-il (aurait-il) donné ce livre?

5. Hättest du deine Aufgabe nicht besser gemacht? N'eusses-tu pas fait mieux ton devoir? (N'aurais-tu?)

6. Warum hätte sie ihre Lektionen nicht gelernt? Pourquoi n'aurait-elle pas appris ses leçons?

7. Hätter schon seine Aufgabe geendet? Eût-il déjà (aurait-il) fini son devoir ?

Avantage de la déclinaison. Elle indique les cas et, par suite, le sujet ou les compléments

1. Mein Sohn hat seine Aufgabe gemacht. Mon fils a fait son devoir. Mein Sohn étant évidemment au nominatif, c'est lui qui est sujet du verbe; seine Aufgabe peut être au nominatif ou à l'accusatif.

2. Einen Sohn hatte dieser Mann. Cet homme avait un fils.
Dieser Mann hatte einen Sohn. Id.

3. Einen Tisch hat mein Vater gekauft. Mon père a acheté une table.
Mein Vater hat einen Tisch gekauft. Mon père a acheté une table.

Déclinaison de l'article défini, et en même temps Génitif des substantifs avec es ou s

Dieser Mann hat keine Feder. — Ich lobe diesen Mann nicht.
Dieses Kind. — Jene Kinder.
Die Frau dieses Mannes. — Der Bleistift dieses Kindes.
Die Aufgaben dieser Kinder und meiner Söhne.
Die Thür des Zimmers. — Die Scheiben dieses Fensters.
Die Liebe Ihrer Mutter.

Unser *et* euer

Die Häuser unsers (*ou* unsres) Onkels.
Das Bild eurer Tante. — Eure Kinder.
Die Aufgaben unsrer Söhne.

Ihr, votre; ihr, son (*à elle*); ihr, leur

Hat sie ihr Kind getadelt? A-t-elle blâmé son enfant?
Haben Sie Ihr Kind gelobt? Avez-vous loué votre enfant?

Diese Frau hat ihre Tochter getadelt? Cette femme a blâmé sa fille.
Haben Sie ihre Magd getadelt? Avez-vous blâmé votre servante?
Hat Ihre Magd gut gearbeitet? Votre servante a-t-elle bien travaillée?

Complément indirect avant complément direct, ou autrement : datif avant accusatif.

Ich schenkte meinem Sohne ein Buch. Je donnai un livre à mon fils.
Hat sie ihrem Sohne Federn geschenkt? A-t-elle donné des plumes à son fils?
Schenke deinem Bruder dein Lineal. Donne ta règle à ton frère.
Ich habe meiner Schwester mein Buch geschenkt. J'ai donné mon livre à ma sœur.
Hast du deiner Tochter Hefte gekauft? As-tu acheté des cahiers à ta fille?
Die Mutter hat ihrer Tochter Papier gekauft. La mère a acheté du papier à sa fille.
Der Vater hat seinem Sohne dieses Tintenfaß gekauft. Le père a acheté un encrier à son fils.

Déterminatifs qui se déclinent sur der *et sur* ein. *Leur emploi comme pronoms*

Welches Buch hast du? Quel livre as-tu?
Hast du deines oder seines? As-tu le tien ou le sien?
Ich habe meines. J'ai le mien.
Wer hat unser Haus gemiethet? Qui a loué notre maison?
Ich habe Ihres gemiethet. J'ai loué la vôtre.
Er hat nicht Ihr Haus gemiethet; er hat unsres gemiethet. Il n'a pas loué votre maison; il a loué la nôtre.
Unsre Tochter arbeitet. Notre fille travaille.
Wo arbeitet dieses Mädchen? Où cette jeune fille travaille-t-elle?
Brauchen Sie dieses Buch oder jenes? Avez-vous besoin de ce livre-ci ou de celui-là?
Ich brauche dieses und jenes. J'ai besoin de celui-ci et de celui-là.
Ich brauche keines. Je n'en ai pas besoin.
Haben Sie ein Gemälde gekauft? Avez-vous acheté un tableau?
Ich habe eines gekauft. J'en ai acheté un.
Wo ist mein Bleistift? Où est mon crayon?
Hier ist einer. En voici un.

Passé antérieur semblable au plus-que-parfait

Als (lorsque) er geendigt hatte. Quand il eut fini.

Sobald (aussitôt que) er es gezeigt hatte. Aussitôt qu'il l'eut montré.

Als er seinem Lehner seine Abschrift gezeigt hatte. Quand il eut montré sa copie à son professeur.

Sobald er seine Aufgabe geendigt hatte. Aussitôt qu'il eut terminé son devoir.

Als meine Tochter ihre Lektion gelernt hatte. Quand ma fille eut appris sa leçon.

Noms de Nombre cardinaux.

23 Drei und zwanzig. — 37 Sieben und dreißig.

48 Acht und vierzig. — 184 Ein hundert vier und achtzig.

769 Sieben hundert neun und sechzig.

1283 Ein tausend zwei hundert drei und achtzig.

VERSION SIMPLE

Die Vögel

Di Feüg'l

Ein Dorf war (imp. de sein) von einem Walde umgeben.
Aïn Dorf vâr fonn aïn'm Valdeu oumguéb'n
Die Bäume blühten und dufteten im (pour in dem)
Di Boïmeu blûl'n ound douftéul'n imm
Frühlinge; aber alle Zweige waren im Herbste mit Aepfeln,
Frûlinngueu; âb'r aleu Tsvaïjeu vâr'n imm Herbsteu mill Epf'ln,
Birnen und Zwetschen beladen. Auf den Ästen der Bäume
Birnenn ound Zvetsch'n belâd'n. Aouf denn Est'n derr Boïmeu
und in den Hecken umher nisteten allerlei muntere
ound inn denn Heck'n oumhère nistelenn all'rlaï mounlereu
Vögel. Die Eltern ermahnten ihre Kinder und sagten: Rührt
Feug'l. Di Ell'rn ermânl'n ireu Kinnd'r ound saglen: Rûrl

die Nester dieser Vögelein nicht an; denn das würde dem lieben
di Nest'r dis'r Feügelaïn nicht an; denn das rûrden demm lib'n
Gott sehr mißfallen, der die Blumen kleidet und die Vögel
Gott sèr misfalenn, dêr di Bloûmen klaïd't ound di Feûg'l
nährt.
nêrt.

Traduction de la version en mot à mot.

Ein Dorf	Un village	in den Hecken	dans les haies
war	était	umher	alentour,
umgeben	entouré	nisteten	nichaient
von einem	d'une	allerlei	toute sorte
Walde.	forêt.	muntere	de joyeux
Die Bäume	Les arbres	Vögel.	oiseaux.
blühten	fleurissaient	Die Eltern	Les parents
und dufteten	et étaient embaumés	ermahnten	avertirent
		ihre	leurs
im Frühlinge.	au printemps.	Kinder	enfants
Aber	Mais	und	et
alle Zweige	toutes les branches	sagten:	dirent:
		Rührt nicht an	Ne touchez pas
waren	étaient	die Nester	les nids
beladen	chargées	dieser	de ces
im Herbste	en automne	Vögelein,	petits oiseaux,
mit	de	denn das	car cela
Aepfeln,	pommes,	würde mißfallen	déplairait
Birnen	poires	sehr dem	(très) fort au
und Zwetschen.	et prunes	lieben Gott	bon Dieu
Auf	Sur	der kleidet	qui habille
den Ästen	les branches.	die Blumen	les fleurs
der Bäume	des arbres	und	et
und	et	nährt	nourrit
		die Vögel.	les oiseaux.

Mots nouveaux employés dans cette version.

der Vogel	(*gén.* s, *pl.*"), l'oiseau.
das Vögelein	(*gén.* s, *pl. invariable*) *diminutif.*
das Dorf	(*gén.* es, *pl.*" er). le village.
war	3e *pers. sing. prétérit de* ſein, être.
von	(*prép.; gouverne le datif*), de.
der Wald	(*gén.* es, *pl.*" er), la forêt.
umgeben	*part. passé de :* umgeben (*verbe fort*), entourer.
der Baum	(*gén.* s *ou* es, *pl.*" e) l'arbre.
blühen	fleurir (*verbe rég.*).
duften	répandre un parfum (*verbe rég.*).
im	*pour* in dem.
der Frühling	(*gén.* s, *pl.* e), le printemps.
der Zweig	(*gén.* es, *pl.* e), la branche.
waren	3e *pers. pl. imp. de* ſein.
der Herbſt	l'automne.
der Apfel	(*gén.* s, *pl.* "), la pomme.
die Birne	(*sing. inv.*, n), la poire.
die Zwetſche	(*pl.* n), la prune (couèche).
beladen	*part. passé* de beladen (*verbe fort*), charger.
auf	(*prép.; gouverne ici le datif*), sur
der Aſt	(*gén.* es, *pl.*" e), la branche.
die Hecke	la haie (*pl.* n).
umher	à l'entour (*adv.*).
niſten	nicher (*verbe rég.*).
allerlei	toute sorte de (*mot invariable*).
munter	joyeux, vif.
ermahnen	avertir (*verbe rég.*).
anrühren	toucher (*verbe composé de* an (*part sép.*) *et* rühren
das Neſt	le nid (*pl.* er).
denn	car (*conjonction*).
lieb	cher (*adj.*).

der Gott	le dieu (*gén.* es, *pl.* " er).
sehr	très.
mißfallen	déplaire (*verbe fort*).
der	qui (*pron. conjonctif*).
kleiden	habiller.
die Blume	la fleur (*pl.* n).
nähren	nourrir (*rég.*).

Phrases à traduire (se reporter au texte de la version).

1. Dieses Dorf ist von einem Walde umgeben.
2. Dieser Baum blüht und duftet heute.
3. Die Zweige unsres Baumes waren nicht mit Aepfeln beladen.
4. Die Vögel nisten auf unsern Bäumen.
5. Meine Eltern ermahnten ihn und sagten: Rühre das Nest dieses Vogels nicht an, denn du würdest dem lieben Gott mißfallen.
6. Gott hat die Blumen gekleidet.
7. Er nährt die Vögelein.

Thème (d'imitation).

1. Quels arbres fleurissent aujourd'hui?
2. Ces arbres embaumaient l'air au printemps.
3. Leurs branches porteront (tragen) toute sorte (de) fruits (Obstarten) en automne.
4. Nous avons eu des pommes, des poires et des prunes.
5. J'avertirai mes enfants.
6. Je dis à mes fils: qui a touché (angerührt) les nids de ces oiseaux?
7. Dieu aime les petits oiseaux; il les nourrit et les habille.

Vingt-troisième Leçon.

Corrigé du thème et de la version de l'exercice précédent.

VERSION.

1. Ce village est entouré d'une forêt.
2. Cet arbre est fleuri aujourd'hui et embaume l'air.
3. Les branches de notre arbre n'étaient pas chargées de pommes.
4. Les oiseaux nichent sur nos arbres.
5. Mes parents l'avertirent et dirent: Ne touche pas au nid de cet oiseau, car tu déplairais au bon Dieu.
6. Dieu a donné leur parure (habillé) aux fleurs.
7. Il nourrit les petits oiseaux.

THÈME

1. Welche Bäume blühen heute?
2. Diese Bäume dufteten im Frühling.
3. Ihre Aeste werden im Herbst allerlei Obstarten tragen.
4. Wir haben Aepfel, Birnen und Pflaumen gehabt.
5. Ich werde meine Kinder ermahnen.
6. Ich sagte meinen Söhnen: Wer hat die Nester dieser Vögel angerührt?
7. Gott liebt die Vögelein; er nährt und kleidet sie.

Verbe auxiliaire Sein, *Être*

Il eût semblé naturel de commencer l'étude de l'allemand par le verbe auxiliaire sein; c'est le verbe par excellence. Théoriquement, tous les autres peuvent se décomposer en deux parties: le verbe *être* et un attribut. *Je travaille* est synonyme de : *je suis travaillant.*

Si nous avons préféré ne donner ce verbe qu'après les verbes réguliers, c'est, en premier lieu, parce que sa conjugaison est très irrégulière et ne nous aurait pas guidés pour l'étude des autres verbes; et, en second lieu, parce que le verbe *être* est surtout auxiliaire, qu'il s'emploie assez rarement seul, et que, dans ce cas, il n'aurait pu nous fournir que des exercices très simples, peu variés, monotones même, des phrases composées d'un sujet, du verbe *être* et d'un attribut. Nous n'aurions pu faire d'exercices que dans le genre des phrases suivantes:

C'est mon fils.	Es ist mein Sohn, u. s. w
Je suis grand.	Ich bin groß.

INDICATIF

Présent

1re *pers. sing.*	Ich bin	Je suis
2e —	Du bist	Tu es
3e —	Er ist	Il est
1re *pers. plur.*	Wir sind	Nous sommes
2e —	Ihr seid / Sie sind	Vous êtes
3e —	Sie sind	Ils sont.

Imparfait et *Passé défini* ou *Prétérit*

1re *pers. sing.*	Ich war	J'étais *ou* je fus
2e —	Du warst	Tu étais *ou* tu fus
3e —	Er war	Il était *ou* il fut
1re *pers. plur.*	Wir waren	Nous étions *ou* nous fûmes
2e —	Ihr waret / Sie waren	Vous étiez *ou* vous fûtes.
3e —	Sie waren	Ils étaient *ou* ils furent.

Parfait ou *passé indéfini*

Ich bin gewesen	J'ai été
Du bist gewesen	Tu as été
Er ist gewesen	Il a été

Wir sind gewesen	Nous avons été
Ihr seid gewesen	Vous avez été
Sie sind gewesen	
Sie sind gewesen	Ils ont été.

Plus-que-parfait

Ich war gewesen	J'avais été *ou* j'eus été
Du warst gewesen	Tu avais été *ou* tu eus été
Er war gewesen	Il avait été *ou* il eut été
Wir waren gewesen	Nous avions été *ou* nous eûmes été
Ihr waret gewesen	Vous aviez été *ou* vous eûtes été.
Sie waren gewesen	
Sie waren gewesen	Ils avaient été *ou* ils eurent été.

Futur simple

Ich werde sein	Je serai
Du wirst sein	Tu seras
Er wird sein	Il sera
Wir werden sein	Nous serons
Ihr werdet sein	Vous serez
Sie werden sein	
Sie werden sein	Ils seront.

Futur antérieur

Ich werde gewesen sein	J'aurai été
Du wirst gewesen sein	Tu auras été
Er wird gewesen sein	Il aura été
Wird werden gewesen sein	Nous aurons été
Ihr werdet gewesen sein	Vous aurez été
Sie werden gewesen sein	
Sie werden gewesen sein	Ils auront été.

Conditionel présent

Ich würde sein	Je serais
Du würdest sein	Tu serais
Er würde sein	Il serait
Wir würden sein	Nous serions
Ihr würdet sein Sie würden sein	Vous seriez
Sie würden sein	Ils seraient

Conditionnel passé

Ich würde gewesen sein	J'aurais été *ou* j'eusse été
Du würdest gewesen sein	Tu aurais été *ou* tu eusses été
Er würde gewesen sein	Il aurait été *ou* il eût été
Wir würden gewesen sein	Nous aurions été *ou* nous eussiens été
Ihr würdet gewesen sein Sie würden gewesen sein	Vous auriez été *ou* vous eussiez été
Sie würden gewesen sein	Ils auraient été *ou* ils eussent été.

IMPÉRATIF

Sei	Sois
Sei er	Qu'il soit
Lasset uns sein	Soyons
Seid	Soyez
Seien Sie	Soyez
Seien sie	Qu'ils soient.

SUBJONCTIF

Présent

Ich sei	Que je sois
Du seiest	Que tu sois
Er sei	Qu'ils soit

Wir seien	Que nous soyons
Ihr seiet	Que vous soyez
Sie seien	
Sie seien	Qu'ils soient.

Imparfait

Ich wäre	Que je fusse *ou* je serais
Du wärest	Que tu fusses *ou* tu serais
Er wäre	Qu'il fût *ou* il serait
Wie wären	Que nous fussions *ou* nous serions
Ihr wäret	Que vous fussiez *ou* vous seriez
Sie wären	
Sie wären	Qu'ils fussent *ou* ils seraient.

Parfait

Ich sei gewesen	Que j'aie été
Du seiest gewesen	Que tu aies été
Er sei gewesen	Qu'il ait été
Wir seien gewesen	Que nous ayons été
Ihr seiet gewesen	Que vous ayez été
Sie seien gewesen	
Sie seien gewesen	Qu'ils aient été.

Plus-que-parfait

Ich wäre gewesen	Que j'eusse été *ou* j'aurais été
Du wärest gewesen	Que tu eusses été *ou* tu aurais été
Er wäre gewesen	Qu'il eût été *ou* il aurait été
Wir wären gewesen	Que nous eussions été *ou* nous aurions été
Ihr wäret gewesen	Que vous eussiez été *ou* vous auriez été
Sie wären gewesen	
Sie wären gewesen	Qu'ils eussent été *ou* ils auraient été.

Futur simple

Ich werde sein	Que je sois *ou* que je serai
Du werdest sein	Que tu sois *ou* que tu seras
Er werde sein	Qu'il soit *ou* qu'il sera
Wir werden sein	Que nous soyons *ou* que nous serons
Ihr werdet sein Sie werden sein	Que vous soyez *ou* que vous serez
Sie werden sein	Qu'ils soient *ou* qu'ils seront.

Futur antérieur

Ich werde gewesen sein	Que j'aurai été *ou* que j'aie été
Du werdest gewesen sein	Que tu auras été *ou* que tu aies été
Er werde gewesen sein	Qu'il aura été *ou* qu'il ait été.
Wir werden gewesen sein	Que nous aurons été *ou* que nous ayons été
Ihr werdet gewesen sein Sie werden gewesen sein	Que vous aurez été *ou* que vous ayez été
Sie werden gewesen sein	Qu'ils auront été *ou* qu'ils aient été.

INFINITIF

Présent.	Sein	Être
Passé.	Gewesen sein	Avoir été.

PARTICIPE

Présent.	Seiend	Étant
Passé.	Gewesen	Ayant été.

Zu sein. . . { À être
D'être

Vingt-quatrième Leçon

REMARQUES SUR LE VERBE *Être*

Comme on l'a pu voir dans la leçon précédente, le verbe ſein est, de tous les verbes de la langue allemande, le plus irrégulier. Il ne se borne pas, comme les verbes forts, à quelques changements dans le radical; il tire ses formes de plusieurs racines. En réalité, ce n'est pas un seul verbe, ce sont *trois verbes différents* dont chacun est représenté par quelques temps ou quelques personnes. De plus, les terminaisons du présent et de l'indicatif échappent à toute règle et ne sont pas conformes aux principes de la conjugaison moderne, principes que respectent cependant presque tous les verbes de la conjugaison *forte*.

Voyons quelles sont les trois racines principales qui ont formé les différents temps du verbe *être :*

1° La racine bi (pi) aux deux premières personnes du singulier; on retrouve la même racine à plusieurs temps du verbe anglais (to) *be* (prononcez *bi*) *être;* (les plus anciens mots anglais viennent de l'allemand.

Ich bin	Je suis
Du biſt	Tu es

2° La racine wes (war, was), qui nous donne :

L'imparfait de l'indicatif : ich war, *j'étais* (anciennement : ich was);

L'imparfait du subjonctif : ich wäre, *que je fusse;*

Le participe geweſen, *été*.

Anciennement, le participe présent était weſend, *étant*, comme le prouvent les deux mots :

Abweſend	Absent
Anweſend	Présent

3° La racine sei, tirée régulièrement de l'infinitif sein (anciennement : sin), donne les personnes du pluriel du présent de l'indicatif :

Wir sind, — ihr seid — sie sind
(anciennement : Wir sin, — ihr sit, — siie sind).

Elle sert à former l'impératif et le subjonctif en entier.

La troisième personne du singulier du présent de l'indicatif ist ressemble beaucoup au latin *est*, et au français *est ;* mais elle aussi dérive d'une ancienne racine allemande.

Terminaisons des différentes personnes

Indicatif présent. — Les terminaisons sont absolument irrégulières.

Il faut cependant remarquer que la *deuxième personne du singulier :* du bist a la terminaison st, ce qui nous permettra de formuler la règle suivante, applicable à tous les verbes sans exception :

Les secondes personnes du singulier de tous les verbes sont terminées en st.

Remarquer aussi que la *première personne du pluriel* est semblable à la *troisième du pluriel.*

A la *deuxième personne du pluriel :* ihr seid, remarquer le d qui remplace le t de la conjugaison régulière.

Imparfait de l'indicatif. — La *première* et la *troisième personne du singulier* n'ont pas de terminaison :

Ich war — J'étais
Er war — Il était

Il en sera de même pour tous les verbes forts.

Parfait. — *Le verbe* sein *se sert à lui-même d'auxiliaire ;* nous disons en français : j'*ai* été : les Allemands disent : je *suis* été : le verbe sein (*être*) exprimant un état, il semble plus logique de lui donner l'auxiliaire *être* comme aux autres verbes neutres.

Puisqu'on dit :

Je suis allé.
Je suis arrivé.
Je suis tombé, il serait plus naturel de dire aussi : Je *suis* été.

Il n'est aucun de nos lecteurs qui n'ait eu l'occasion d'entendre commettre cette faute par certaines personnes; ayant reçu une instruction incomplète, elles croyaient être plus correctes en donnant au verbe *être* le même auxiliaire qu'aux autres verbes neutres, au verbe *aller*, par exemple.

Nous aurons à reparler plus tard des auxiliaires des verbes en allemand et en français; mais il est très important de ne jamais perdre de vue cette différence entre le verbe ſein et le verbe *être*, car les commençants ne sont que trop tentés de traduire le français littéralement :

J'ai été Ich habe geweſen

ce qui est une très grosse faute.

Plus-que-parfait. — Naturellement, l'auxiliaire au plus-que-parfait doit être : Ich war, et celui de l'infinitif passé : ſein. Ex. : ich war geweſen, et geweſen ſein.

Les temps du futur et du conditionnel se forment comme ceux des verbes réguliers.

IMPÉRATIF ET SUBJONCTIF

Nous avons déjà dit à propos de haben que, dans tous les verbes forts, les temps des subjonctifs sont *régulièrement tirés du radical de l'infinitif*, quelles que soient les irrégularités des temps correspondants de l'indicatif, et cette règle se vérifie presque entièrement pour ſein, le plus irrégulier des verbes.

Impératif. — Le radical ſei est tiré de l'infinitif, mais la terminaison manque à la deuxième et à la troisième personne du singulier.

Sei, Sois Sei er, Qu'il soit

La deuxième personne du pluriel ſeid prend un d au lieu d'un t.

Subjonctif présent. — La première et la troisième personne du singulier n'ont pas la terminaison e; on dit :

Ich ſei Que je sois
Er ſei Qu'il soit

Les autres personnes sont régulières.

Imparfait du subjonctif. — Il est formé de l'imparfait de l'indicatif, auquel on ajoute l'*inflexion* et la terminaison e aux personnes qui ne l'avaient pas :

Exemples :

Ich war	J'étais	Ich wäre	Que je fusse
Du warst	Tu étais	Du wärest	Que tu fusses
Er war	Il était	Er wäre	Qu'il fût

Participe présent. — Le participe présent intercale un e pour faciliter la prononciation.

Seiend au lieu de seind

Telles sont les irrégularités que présente le verbe auxiliaire sein, le plus difficile de tous les verbes allemands. Les verbes forts que nous verrons dans la suite seront, comparés à sein, d'une simplicité extrême ; nous pouvons donc, dès maintenant, dire à nos lecteurs : Vous avez vu ce qu'il y a de plus compliqué en fait de déclinaisons : vous connaissez presque entièrement la conjugaison allemande ; si vous avez surmonté facilement ces premières difficultés, ce dont je ne doute pas, ne vous effrayez plus de rien, tout vous semblera aisé et simple dans la suite.

Vocabulaire

Adjectifs

alt	vieux	schwarz	noir
arm	pauvre	stark	fort
groß	grand	warm	chaud
hoch	haut	klar	clair
jung	jeune	hell	lumineux
krank	malade	zart	tendre
lang	long	gesund	bien portant
nah	proche	reich	riche
schwach	faible	schön	beau

Für (*prép.*), pour, *gouverne l'accusatif*.

Sehr, très.

Jemand, quelqu'un.

Niemand, personne (*négatif*).

Die Zeit, le temps (*gén.* der Zeit ; *pl.* die Zeiten).

Haben Sie Zeit? Avez-vous le temps?

Ich habe keine Zeit. Je n'ai pas le temps (de, zu, *devant un infinitif*).

Die Lust, l'envie (*gén.* der Lust).

Ich habe Lust. J'ai envie.

Ich habe keine Lust. Je n'ai pas envie (de, zu).

Viel, beaucoup, (*pl.* viele).

Wieviel? Combien? (*le plus souvent* wieviele *devant un substantif au pluriel*).

Der Freund (*gén.* s; *pl.* e), l'ami.

Zählen, compter (*régulier*).

Der Jüngling, le jeune homme (*gén.* es; *pl.* e).

Die Jungfrau, la jeune fille (*gén. invariable; pl.* en).

Der Nachbar, le voisin (*gén.* des Nachbars; *pl.* die Nachbar (e) n.

Das Fräulein, la demoiselle (*gén.* des Fräuleins; *pl.* die Fräulein; *datif*. den Fräulein..

VERSION

1. Jemand war da. — 2. Niemand war da.
3. Niemand ist hier gewesen. — 4. Er wird morgen hier sein.
5. Wirst du da sein? — 6. Ich würde da gewesen sein.
7. Ich wäre da gewesen. — 8. Ist sie arm?
9. Sie ist reich gewesen. — 10. Sie sind nicht arm.
11. Sie werden nicht reich sein. — Würdest du schwach sein?
13. Er würde stark sein. — 14. Wäre er krank?
15. Meine Mutter ist noch jung.
16. Diese Jungfrau ist schön, aber sie ist nich stark.
17. Jener Jüngling ist immer krank gewesen.
18. Er war niemals stark. — 19. Unser Haus war sehr hoch.
20. Es ist sehr warm heute. — 21. War es (faisait-il) gestern warm?
22. Es war gestern nicht warm. — 23. Es war heute kalt.
24. Haben Sie Lust zu arbeiten?
25. Wir hatten keine Lust, krank zu werden.
26. Haben Sie Lust zu rechnen? — 27. Ich habe keine Zeit.
28. Er hat niemals Zeit, seine Lektionen zu lernen.
29. Sie hatten keine Lust, ihre Aufgaben zu machen.
30. Unser Zimmer ist hell.

31. Die Mütter sind immer zart für ihre Kinder.
32. Die Jünglinge arbeiten nicht immer so gut, als die Mädchen.
33. Sie werden nicht immer jung sein.
34. Das Kamin ist schwarz. — 35. Unser Haus ist nicht alt.
36. Unsere Kinder waren immer gesund.
37. Wo war Ihr Freund?
38. Er war krank, und er ist noch nicht gesund.

THÈME

1. Où es-tu? — 2. Où as-tu été?
3. Où seras-tu demain? — 4. Il serait encore très jeune.
5. Ne sois pas faible. — 6. Soyez forts.
7. Il avait été très malade. — 8. Nous sommes tous pauvres.
9. Notre mère est déjà vieille; mais elle n'est pas aussi vieille que notre père.
10. Qui a été malade?
11. Ces jeunes gens étaient souvent malades.
13. Ils sont bien portants maintenant.
14. Vous n'aviez jamais envie de travailler.
15. N'avez-vous pas eu le temps de brosser vos habits?
16. Ces enfants seront très riches.
17. Avez-vous besoin (de) mon papier?
18. J'ai besoin d'un porte-plume.
19. Je cherche ma règle.
20. Voici votre règle, et voilà votre crayon.
21. N'avez-vous pas besoin d'une plume et d'un cahier?
22. Où avez-vous acheté ce coupe-papier?
23. J'avais besoin de mes livres.
24. Qui les avait? (avait eux?)
25. Mon frère avait toujours besoin de mes livres.

3 2 1

26. Qui a donné ces cigares à ton père?
27. Il les a achetés.
28. Fumerez-vous un cigare ou des cigarettes?
29. Quand a-t-il été ici?
30. Où serez-vous demain?

Soyons. — Qu'ils aient été. — Vous seriez.
Vous auriez été. — Soyez.
Ils ne furent jamais. — Sera-t-il jamais riche? — Où aura-t-il été?
Voici mes amis. — Voilà vos livres.

Vingt-cinquième Leçon

Corrigés des devoirs précédents

VERSION

1. Quelqu'un était là ? — 2. Non, personne n'était là.
3. Personne n'a été ici. — 4. Il y sera demain.
5. Y seras-tu ? (Seras-tu là ?) — 6. J'y aurais été, *ou comme dans le numéro suivant :*
7. J'y eusse été. — 8. Est-elle pauvre ?
9. Elle a été riche. — 10. Vous n'êtes pas pauvre (*ou :* ils ne sont...).
11. Vous ne serez pas riche. — 12. Serais-tu faible ?
13. Il serait fort. — 14. Serais-tu malade ?
15. Ma mère est encore jeune.
16. Cette jeune fille est belle, mais elle n'est pas forte.
17. Ce jeune homme-là a toujours été malade.
18. Il ne fut (n'a jamais été) jamais fort.
19. Notre maison est très haute.
20. Il fait (il est) très chaud aujourd'hui.
21. Faisait-il (*mot à mot :* était-il) chaud hier.
22. Il ne faisait pas chaud hier.
23. Il faisait (a fait) froid aujourd'hui.
24. Avez-vous envie de travailler ?
25. Nous n'avions pas envie de devenir (tomber) malades.
26. Avez-vous envie de calculer ? — 27. Je n'ai pas le temps.
28. Il n'a jamais le temps d'apprendre ses leçons
29. Vous n'aviez pas envie de faire vos devoirs.
30. Notre chambre est claire.
31. Les mères sont toujours tendres pour leurs enfants.
32. Les jeunes gens ne travaillent pas toujours aussi bien que les jeunes filles.
33. Vous ne serez pas toujours jeunes.

34. La cheminée est noire. — 35. Notre maison n'est pas vieille.
36. Nos enfants étaient toujours bien portants.
37. Où était votre ami?
38. Il était malade et il n'est pas encore bien portant.

THÈME CORRIGÉ

1. Wo bist du? — 2. Wo bist du gewesen?
3. Wo wirst du morgen sein?
4. Er würde noch sehr jung sein, ou plus simplement, avec l'imparfait du subjonctif: er wäre noch sehr jung.
5. Sei nicht schwach. — 6. Seid (ou mieux: Seien Sie) stark.
7. Er war sehr krank gewesen. — 8. Wir sind alle arm.
9. Unsere Mutter ist schon alt; aber sie ist nicht so alt, als unser Vater. — 10. Wer ist krank gewesen?
11. Diese Jünglinge waren oft krank.
12. Meine Kinder waren sehr krank gewesen.
13. Sie sind jetzt wohlgesund.
14. Sie hatten niemals Lust, zu arbeiten.
15. Haben Sie keine Zeit gehabt, Ihre Kleider zu bürsten?
16. Diese Kinder werden sehr reich sein.
17. Brauchen Sie mein Papier?
18. Ich brauche einen Federhalter. — 19. Ich suche mein Lineal.
20. Hier ist Ihr Lineal und da ist Ihr Bleistift.
21. Brauchen Sie keine Feder und kein Heft?
22. Wo haben Sie dieses Papiermesser gekauft?
23. Ich brauchte meine Bücher. — 24. Wer hatte sie?
25. Mein Bruder brauchte immer meine Bücher.
26. Wer hat deinem Vater diese Cigarren gegeben?
27. Er hat sie gekauft.
28. Werden Sie eine eine Cigarre oder Cigaretten rauchen?
29. Wann ist er hier gewesen?
30. Wo werden Sie morgen sein?

Seien wir, ou mieux: laßt uns sein. — Sie seien gewesen.
Sie wären (plus usité que: Sie würden sein).
Sie wären gewesen (préférable à: Sie würden gewesen sein).
Seien Sie (forme polie au lieu de: seid).
Sie waren nie, ou niemals.
Wird er je (ou jemals) reich sein? — Wo wird er gewesen sein?
Hier sind meine Freunde? — Da sind Ihre Bücher.

Attribut du Verbe Sein, *Être*

Le mot qui se trouve, dans une proposition ordinaire, placé après le verbe *être* s'appelle *attribut:* le verbe *être* n'a pas de complément direct, pas plus que les verbes neutres.

Qu'il soit adjectif, substantif ou pronom, l'attribut reste toujours invariable.

Si c'est un substantif ou un pronom, on le laisse au *nominatif;* si l'attribut est un adjectif qualificatif, il ne prend aucune terminaison, *quel que soit le sujet du verbe*, tandis qu'en français il s'accorde avec le sujet.

Substantifs attributs

Exemples:

Es ist mein Vater.	C'est mon père.
Ich war sein Freund	J'étais son ami.
Er war unser Nachbar.	Il était notre voisin.

Pronoms attributs

(Est-ce ton livre?) C'est le mien.	Es ist meines.
(Est-ce votre père?) C'est le mien.	Es ist meiner.
Est-ce celui-ci ou celui-là?	Ist es dieser oder jener?
Et cætera.	Und so weiter (u. s. w.)

Participe et Attribut

Adjectifs attributs invariables, comme les participes passés

Nous avons déjà fait remarquer, en passant, que la règle des participes, qui, en français, cause tant de souci, tant d'angoisses à nos jeunes élèves, n'existe pas en allemand, où le participe passé d'un verbe actif reste uniformément invariable.

Nous en avons donné de nombreux exemples dans nos exercices précédents. De même après le verbe sein (ou tout autre verbe), l'adjectif *attribut* ne prend aucune terminaison.

Exemples :

Masculin.	Mein Vater ist nicht alt.	Mon père n'est pas vieux.
Féminin.	Meine Mutter ist noch jung	Ma mère est encore jeune.
Neutre..	Sein Kind ist sehr groß.	Son enfant est très grand.
Pluriel..	Diese Männer sind arm.	Ces hommes sont pauvres.

Les adjectifs alt, jung, groß, arm, n'ont pris aucune terminaison ni avec un sujet masculin, ni avec un féminin, ni avec neutre, ni au pluriel. La version et le thème de la leçon précédente ont déjà donné de nombreuses applications de cette règle.

Verbe auxiliaire Werden

Nous savons que les Allemands emploient dans les conjugaisons un troisième auxiliaire inconnu en français: c'est le verbe werden, *devenir*, avec lequel on forme les temps du futur et du conditionel, et, comme nous le verrons prochainement, les temps du verbe passif.

Le verbe werden est un véritable verbe fort, et, à l'aide de ce verbe, nous allons pouvoir donner à nos lecteurs quelques aperçus de la conjugaison si importante des *verbes forts*. Tandis que le verbe sein est très irrégulier, à cause des différentes racines qui servent à former ses temps, le verbe werden obéit à des règles *fixes*, antérieures à la conjugaison *moderne* ou *faible*.

Verbe Werden, *Devenir*

Radical : W (e) rd

INDICATIF

Présent

Ich wĕrd-e	Je deviens
Du wĭrst	Tu deviens
Er wĭrd	Il devient
Wir wĕrd-en	Nous devenons
Ihr wĕrd-et	Vous devenez
Sie wĕrd-en	Vous devenez
Sie wĕrd-en	Ils deviennent

Imparfait ou *prétérit*

Ich wŭrde *ou* ich ward	Je devenais *ou* je devins
Du wŭrdest *ou* du wardst	Tu devenais *ou* tu devins
Er wŭrde *ou* er ward	Il devenait *ou* il devint
Wir wŭrden	Nous devenions *ou* nous devînmes
Ihr wŭrdet	Vous deveniez *ou* vous devîntes
Sie wŭrden	
Sie wŭrden	Ils devenaient *ou* ils devinrent.

Parfait ou *Passé indéfini*

Ich bin gewŏrden	Je suis devenu
Du bist gewŏrden	Tu es devenu
Er ist gewŏrden	Il est devenu
Wir sind gewŏrden	Nous sommes devenus
Ihr seid gewŏrden	Vous êtes devenus ou devenu.
Sie sind gewŏrden	
Sie sind gewŏrden	Ils seront devenus.

Plus-que-parfait

Ich wār gewŏrden	J'étais devenu
Du wārst geworden	Tu étais devenu
Er wār geworden	Il était devenu
Wir wāren geworden	Nous étions devenu
Ihr wāret geworden	Vous étiez devenus
Sie wāren geworden	
Sie wāren geworden	Ils étaient devenus.

Futur simple

Ich wērde wērden	Je deviendrai
Du wist werden	Tu deviendras
Er wird werden	Il deviendra
Wir werden werden	Nous deviendrons
Ihr werdet werden	Vous deviendrez
Sie werden werden	
Sie werden werden	Ils deviendront

Futur antérieur ou *futur passé*

Ich werde geworden sein	Je serai devenu
Du wirst geworden sein	Tu seras devenu
Er wirde gewordein sein	Il sera devenu
Wir werden geworden sein	Nous serons devenu
Ihr werdet geworden sein	Vous serez devenu
Sie werden geworden sein	
Sie werden geworden sein	Ils seront devenus.

Conditionel présent

Ich würde werden	Je deviendrais
Du werdest werden	Tu deviendrais
Er würde werden	Il deviendrait
Wir würden werden	Nous deviendrions
Ihr würdet werden	Vous deviendriez
Sie würden werden	
Sie würden werden	Ils deviendraient.

Conditionel passé

Ich würde geworden sein	Je serais devenu
Du werdest geworden sein	Tu serais devenu
Er würde geworden sein	Il serait devenu
Wir würden geworden sein	Nous serions devenus
Ihr würdet geworden sein	Vous seriez devenu
Sie würden geworden sein	
Sie würden geworden sein	Ils seraient devenus

IMPÉRATIF

Werde	Deviens
Werde er	Qu'il devienne
Werden Jir	Devenons
Lasset und... werden	
Werdet	Devenez
Werden Sie	
Werden Sie	Qu'ils deviennent.

Vingt-sixième Leçon

Verbe Werden, *Devenir* (suite)

SUBJONCTIF

Présent

Ich werd-e	Que je devienne
Du werd-est	Que tu deviennes
Er werd-e	Qu'il devienne
Wir werd-en	Que nous devenions
Ihr werd-et Sie werd-en	Que vous deveniez
Sie werd-en	Qu'ils deviennent

Imparfait

Ich würde	Que je devinsse
Du würdest	Que tu devinsses
Er würde	Qu'il devînt
Wir würden	Que nous devinsions
Ihr würdet Sie würden	Que vous devinssiez
Sie würden	Qu'ils devinssent

Parfait

Ich sei geworden	Que je sois devenu
Du sei (e) st geworden	Que tu sois devenu
Er sei geworden	Qu'il soit devenu
Wir seien geworden	Que nous soyons devenus
Ihr seiet geworden Sie seien geworden	Que vous soyez devenus
Sie seien geworden	Qu'ils soient devenus

Plus-que-parfait

Ich wäre geworden	Que je fusse *ou* je serais devenu
Du wärest geworden	Que tu fusses *ou* tu serais devenu
Er wäre geworden	Qu'il fût *ou* il serait devenu
Wir wären geworden	Que nous fusssions *ou* que nous serions devenus
Ihr wäret geworden Sie wären geworden	Que vous fussiez *ou* vous seriez devenus
Sie wären geworden	Qu'ils fussent *ou* ils seraient devenus.

Futur simple

Ich werde werden	Que je devienne *ou* que je deviendrai
Du werdest werden	Que tu deviennes *ou* que tu deviendras
Er werde werden	Qu'il devienne *ou* qu'il deviendra.
Wir werden werden	Que nous devenions *ou* que nous deviendrons
Ihr werdet werden Sie werden werden	Que vous deveniez *ou* que vous deviendrez
Sie werden werden	Qu'ils deviennent *ou* qu'ils deviendront.

Futur antérieur ou *Futur passé*

Ich werde geworden sein	Que je sois *ou* que je serai devenu
Du werdest geworden sein	Que tu sois *ou* que tu seras devenu
Er werde geworden sein	Qu'il soit *ou* qu'il sera devenu
Wir werden geworden sein	Que nous soyons *ou* que nous serons devenus
Ihr werdet geworden sein Sie werden geworden sein	Que vous soyez *ou* que vous serez devenus
Sie werden geworden sein	Qu'ils soient *ou* qu'ils seront devenus.

INFINITIF

Présent. . .	Werden	Devenir	
	Zu werden	de *ou*	devenir
	Um zu werden	pour	
Passé. . . .	Geworden sein	Être devenu	

PARTICIPES

Présent.	Werden	Devenant
Passé.	Geworden	Devenu

Pour tous les mots simples autres que les verbes forts, le radical comprend ordinairement deux ou plusieurs consonnes et une seule voyelle, ou bien une diphtongue.

Exemples :

Kauf-en	acheter.	*Radical*, kauf: *deux* consonnes, *une* diphtongue.
Lob-en	louer	*Radical*, lob : *deux* consonnes, *une* voyelle.
Jeder	chaque.	*Radical*, jed : *deux* consonnes, *une* voyelle.
Der Hut	le chapeau.	*Radical*, Hut : *deux* consonnes, *une* voyelle.

Le seul changement qui puisse se produire consiste dans l'*inflexion* ou l'*adoucissement* de la voyelle du radical (en allemand Umlaut).

Exemple :

Der Hut. *Pluriel*, die Hüte.

Au contraire, pour les verbes forts comme werden, *la voyelle du radical de l'infinitif change*, et les consonnes seules restent ordinairement partout les mêmes.

Temps primitifs

Les temps principaux auxquels a lieu ce changement de voyelle s'appellent *temps primitifs*. Ce sont les temps à l'aide desquelles on peut former tous les autres, ils sont au nombre de trois : l'*infinitif*, le *parfait*, le *participe passé*.

Connaissant ces trois temps, on peut trouver facilement tous les autres :

A l'aide de l'*infinitif*, on forme : le présent de l'indicatif et du subjonctif, l'impératif, le participe présent, les futurs et conditionels.

A l'aide de l'*imparfait de l'indicatif :* l'imparfait du subjonctif.

A l'aide du *participe passé* et de l'auxiliaire : les temps passés, c'est-à-dire les parfaits et plus-que-parfaits.

Nota. — Quelquefois, à l'indicatif, le radical subit un changement à la troisième personne du singulier : tantôt, la voyelle du radical prend l'inflexion (Umlaut); tantôt, cette voyelle est changée en une autre voyelle (e du radical changé en i).

Déflexion (Ablaut)

Le changement de la voyelle du radical en une autre s'appelle *déflexion;* ce remplacement d'une voyelle par une autre ne se fait pas arbitrairement, mais obéit à des règles *fixes* que nous étudierons avec les verbes forts.

Verbe Werden (*radical* w. rd).

Radical de l'infinitif werd.

Radical de l'imparfait ward *ou* wŭrd (*plus usité*, tiré de wŭrde.

Radical du participe wŏrd tiré de ge-word-en.

De tous les temps que forme l'*infinitif*, *un seul*, le présent de l'indicatif, modifie le radical werd; on dit en effet :

Ich werd-e	Je deviens
Du wir-st	Tu deviens, *au lieu de :* wirdst
Er wird	Il devient

Comme pour le verbe hāben, où l'on disait : ich habe, du hast, er hat, au lieu de dŭ habst, er habt, en supprimant le b du radical hāb; l'usage a supprimé ici la consonne d pour faciliter la prononciation à la deuxième personne; la troisième perronne n'a pas de terminaison; la suite du verbe nous fera voir que ces formes sont assez claires pour qu'aucune confusion ne soit possible.

L'imparfait du subjonctif est formé de l'imparfait de l'indicatif ich wŭrde, à l'aide de l'inflexion : ich würde; comme ich hătte donnait ich hätte, la forme ich ward, plus ancienne, n'existe qu'aux trois personnes du singulier, à l'imparfait de l'indicatif.

Le participe passé des verbes forts prend, comme les verbes faibles ou réguliers, l'augmentent ge; mais la terminaison est toujours en ou n, au lieu de et ou t.

Exemple :

Gewesen Été Geworden Devenu

L'auxiliaire du verbe werden est sein (*être*), comme en français :

Ich bin geworden Je suis devenu

Remarquer les formes du futur et du conditionel :

Ich werde werden Je deviendrai
Ich würde werden Je deviendrais

Ici, comme ailleurs, les futurs et les conditionels se forment à l'aide de l'auxiliaire werden et de l'infinitif présent ou passé du verbe que l'on conjugue (c'est ici werden).

VERSION

1. Dieses Kind wird groß. — 2. Es ist schnell groß geworden.
3. Du wirst nicht groß werden, — 4. Sie werden bald alt sein.
5. Er ist sehr alt geworden. — 6. Wann bist du krank geworden?
7. Wird er stark werden?
8. Diese Männer sind sehr arm geworden; sie arbeiteten nicht.
9. Mein Spiegel ist sehr hell; ich habe ihn gereinigt.
10. Sie ist sehr zart für ihre Geschwister?
11. Mein Zimmer wird schön.
12. Die Wände waren sehr schwarz. — 13. Man hat sie geweißt.
14. Man hat die Fenster gereinigt, und das Zimmer ist sehr hell geworden.
15. Mein Bruder und meine Schwestern sind noch nicht gesund.
16. Es war gestern sehr warm.
17. Es ist heute nicht so warm gewesen, als gestern.
18. Wird er je reich werden?
19. Er ist nie reich geworden und er wird es nie werden.
20. Er wird niemals arbeiten.
21. Ich habe keine Lust, krank zu werden.

22. Ich war sehr schwach geworden.
23. Deine Bibliothek ist schön; ist sie alt?
24. Das Feuer dieses Kamins ist hell.
25. Das Schloß meiner Thür war nicht mehr gut; Es war sehr alt.
26. Mein Zimmer ist nicht warm geworden.
27. Das Feuer hat es nicht gewärmt.
28. Sind Sie immer gesund?
29. Ich bin niemals krank gewesen.
30. Mein Vater ist oft krank geworden.

THÈME

1. Les enfants de cette femme ont tous été malades.
2. Quand es-tu tombé (devenu) malade?
3. Je suis tombé malade hier; mais je ne suis pas aussi malade aujourd'hui qu'hier.
4. Cet homme est devenu très pauvre.
6. Nous étions souvent malades et nous étions devenus très faibles.
7. Où as-tu été hier? J'étais ici.
8. Les livres de la bibliothèque sont très vieux.
9. Où les as-tu achetés? Ils sont très beaux.
10. Je n'ai pas envie de travailler aujourd'hui.
11. Tu ne seras pas toujours jeune.
12. On devient vite vieux.
13. Elle n'était jamais bien portante.
14. Qu'est devenu le fils de votre voisin?
15. Il a beaucoup travaillé; il est devenu très riche.
16. Où serez-vous demain? — 19. Que deviendrez-vous?
18. Où est votre père? — 19. Ces images sont très belles.
20. Les dessins de mon frère deviennent très beaux.
21. Il a beaucoup travaillé, il est devenu fort, et il dessine déjà très bien.
22. J'ai nettoyé les livres de ma bibliothèque, et brossé mes habits.
23. Le petit poisson (das Fischlein) deviendra grand.
24. Votre encre n'est pas très noire.
25. Tu deviendras très fort. — 26. Elle était devenue très grande.
27. Cela est est très bon. — 28. C'était très beau.
30. Rien n'était aussi (so) beau que (als) les glaces de sa chambre.
31. Voici la sœur de notre voisin.
32. Voilà le livre de votre frère.
33. Voici les amis de mon père.
34. Voilà les enfants de leur ami.

Vingt-septième Leçon

Corrigés des Exercices de la Leçon précédente

VERSION

1. Cet enfant devient grand. — 2. Il a grandi vite.
3. Tu ne deviendras pas grand. — 4. Vous serez bientôt vieux.
5. Il est devenu très vieux. — 6. Quand es-tu tombé malade ?
7. Deviendra-t-il fort ?
8. Ces hommes sont devenus très pauvres; ils ne travaillaient pas. — 9. Mon miroir est très clair; je l'ai nettoyé.
10. Elle est très tendre envers (pour) ses frères et sœurs ?
11. Ma chambre devient belle.
12. Les murs étaient très noirs. — 13. On les a blanchis.
14. On a nettoyé les fenêtres, et la chambre est devenue très claire.
15. Mon frère et mes sœurs ne sont pas encore bien portants.
16. Il faisait (était) très chaud hier.
17. Il n'a pas fait aussi chaud aujourd'hui qu'hier (il n'a pas été).
18. Deviendra-t-il jamais riche ?
19. Il n'est jamais devenu riche, et il ne le deviendra jamais.
20. Il ne travaillera jamais.
21. Je n'ai pas envie de tomber malade (de devenir).
22. J'étais devenu très faible.
23. Ta bibliothèque est belle; est-elle vieille ?
24. Le feu de la cheminée brille (est clair).
25. La serrure de ma porte n'était plus bonne; elle était très vieille.
26. Ma chambre ne s'est pas échauffée (n'est pas devenue chaude).
27. Le feu ne l'a pas chauffée.
28. Êtes-vous toujours bien portant ?
29. Je n'ai jamais été malade.
30. Mon père est souvent tombé malade (devenu malade).

CORRIGÉ DU THÈME

1. Die Kinder dieser Frau sind alle krank gewesen.
2. Wann bist du krank geworden?
3. Ich bin gestern krank geworden; aber ich bin nicht so krank heute als gestern.
4. Dieser Mann ist sehr arm geworden.
5. Er hatte viele Kinder; aber sie waren nicht stark.
6. Wir waren oft krank, und wir waren sehr schwach geworden.
7. Wo bist du gestern gewesen? Ich war hier.
8. Die Bücher deiner Bibliothek sind sehr alt.
9. Wo hast du sie gekauft? Sie sind sehr schön.
10. Ich habe keine Lust, heute zu arbeiten.
11. Du wirst nicht immer jung sein. -- 12. Mann wird schnell alt.
13. Sie war niemals gesund.
14. Was ist der Sohn Ihres Nachbars geworden?
15. Er hat viel gearbeitet; er ist sehr reich geworden.
16. Wo werden Sie morgen sein?
17. Was werden Sie werden? — 18. Wo ist Ihr Vater?
19. Diese Bilder sind sehr schön.
20. Die Zeichnungen meines Bruders werden sehr schön.
21. Er hat viel gearbeitet, er ist stark geworden, und er zeichnet schon sehr gut.
22. Ich habe die Bücher meiner Bibliothek (geputzt) gereinigt, und meine Kleider gebürstet.
24. Das Fischlein wird groß werden.
25. Ihre Tinte ist nicht sehr schwarz.
26. Du wirst sehr stark werden.
27. Sie war sehr groß geworden.
28. Das ist sehr gut. — 29. Es war sehr schön.
30. Nichts war so schön als die Spiegel seines Zimmers.
31. Hier ist die Schwester unsers Nachbars.
32. Da ist das Buch Ihres Bruders.
33. Hier sind die Freunde meines Vaters.
34. Da sind die Kinder ihres Freundes.

Construction de la proposition allemande

Nous savons que la proposition allemande ne se construit pas toujours comme la proposition française ; les exercices antérieurs nous ont appris :

1° Que les participes } se mettent après les compléments ;
2° Que les infinitifs }

3° Que les compléments *indirects* (datifs) se placent avant les compléments *directs* (accusatifs).

Nous nous bornerons à signaler les points où la proposition allemande *diffère* de la proposition française. Il nous semble bien inutile de répéter ce que l'on sait déjà par intuition, ce que chacun met en pratique à tout instant dans sa langue maternelle.

Nous ne ferons pas un exposé théorique de la construction de la proposition. Nous nous adressons à des Français. *Ils pensent en français*, les objets se présent à leur mémoire sous leur nom français.

Le mot der Baum, par exemple, ne représente rien pour eux, n'éveille directement aucune idée dans leur imagination ; c'est le mot *français* correspondant *arbre* qui leur rappelle l'objet tel qu'ils ont l'habitude de se le figurer. Ce que nous disons d'un mot isolé, nous pouvons l'appliquer à une proposition entière.

Il faut de longues années d'études, il faut parler souvent, s'exercer sans cesse, pour arriver à ce que l'on appelle : *penser en allemand* ; et l'on peut affirmer qu'un très petit nombre de personnes s'assimilent assez complètement une langue étrangère, pour que les idées leur apparaissent dépouillées de leur enveloppe française.

Cette *transposition*, cette translation d'une langue dans une autre, se font avec une facilité et une rapidité de plus en plus grandes, à mesure qu'on s'y exerce davantage ; on finit par l'effectuer sans peine, machinalement ; on n'a même *plus conscience* de ce travail de traduction qui. dans les premiers temps, était si pénible. La pratique supprime peu à peu toute peine, et l'on peut dire alors avec quelque raison que l'on *pense en allemand* : la traduction se fait instantanément sans effort sensible. dès qu'une idée s'offre à l'esprit, et marche avec la même rapidité que la pensée.

Un commençant n'a que trop de tendance à *calquer* la phrase allemande sur la phrase de sa propre langue ; il copie servilement l'ordre des mots, et se risque rarement à changer quoi que ce soit à la phrase française,

« à moins qu'il n'ait été prévenu souvent que, dans *tel* et *tel* cas, il doit y avoir une *différence* entre l'allemand et le français. »

Les *différences* entre les deux langues, voilà donc ce que tout élève doit connaître, voilà sur quoi il faut appeler son attention.

Nous avons déjà fait remarquer à nos lecteurs quelques-unes de ces différences; nous aurons encore davantage l'occasion de le faire.

Volontiers nous poserions comme principe, en tête de cette étude de la construction :

La proposition se construit de la même manière en allemand qu'en français.

On peut nous objecter que ce principe ne se vérifie presque jamais; qu'il est peu de propositions où tout soit absolument identique dans les deux langues, où les mots se succèdent dans le même ordre.

Cela est vrai; mais, pour nous guider dans notre exposé, il nous faut un modèle à suivre, un point de départ bien délimité, un terme de comparaison, et c'est le français qui nous le fournira.

CONSTRUCTION DE LA PROPOSITION SIMPLE

Construction directe

Nous appellerons le sujet *S.*, le verbe *V.*, l'attribut *A.* et le complément direct *C.*

En français, l'ordre des mots est généralement le suivant :

1°	Sujet	*S.*
2°	Verbe.	*V.*
3°	Attribut . . . . ou Complément direct. . . .	*A.* / *C.*

La proposition française simple répond donc à l'une des deux formules :

1° *S. V. A.*
1° *S. V. C.*

Donnons quelques exemples :

		Formule
Cette maison est belle.	Dieses Haus ist schön.	*S. V. A.*
Nous bâtissons une maison.	Wir bauen ein Haus.	*S. V. C.*
J'aime mon père.	Ich liebe meinen Vater.	*S. V. C.*
Notre enfant devient grand.	Unser Kind wird groß.	*S. V. A.*

Participe et infinitif

Rappelons une *première différence* entre le français et l'allemand; elle se manifeste aux temps composés. On sait qu'en allemand, non seulement le *participe*, mais aussi l'*infinitif*, servent à former des temps composés; *le participe et l'infinitif se mettent à la fin de la proposition*;

Exemples:

	S. V. A. Inf.
Cette maison sera belle.	Dieses Haus wird schön sein.
	S. V. C. Inf.
Nous bâtirons une maison.	Wir werden ein Haus bauen.
	S. V. A. Part.
Nos enfants sont devenus grands.	Unsere Kinder sind groß geworden

Les phrases correspondent aux formules *S. V. A.* ou *S. V. C.*: l'*infinitif* et le *participe* ne changent rien à l'ordre dans lequel se succède les autres mots; ils se placent invariablement *après* tous les éléments essentiels de la proposition, c'es à dire *à la fin*.

Nous pouvons compléter ainsi la formule de la proposition simple. dans la construction directe, quand il s'y remontre un *participe passé* ou un *infinitif*.

Nous désignerons le *participe passé* par les lettres P_p et l'*infinitif* par les lettres I_f et nous écrirons:

$$S.\ V.\ C.\ P_p$$
$$S.\ V.\ C.\ I_f$$

Dans un temps composé, ce qu'on appelle le *verbe* c'est l'*auxiliaire*, parce que c'est lui qui porte la marque du sujet, qui indique le temps et la personne.

Compléments indirects

Les compléments *indirects* de toute sorte se placent, comme en français, *à côté* du mot qu'ils déterminent.

Exemple:

compl. de das Haus.
Das Haus meines Vaters ist sehr schön.

compl.
Wir werden bald ein Haus bauen.

Meines Vaters et bald sont des compléments: le premier, de: das Haus; le second de wir werden.]

Quelquefois, le complément indirect est une proposition entière; nous en donnerons des exemples prochainement, quand nous examinerons la construction de la phrase complète et des différentes propositions qui servent à la former.

Vingt-huitième Leçon

Construction de la phrase allemande (suite)

INVERSION

L'inversion consiste à mettre le sujet à la place du verbe et le verbe à la place du sujet; ces deux mots changent de place entre eux, et rien de plus; au lieu d'avoir la succession *S. V.*, on a *V. S.*

Quand l'inversion doit-elle avoir lieu ?

1° Dans *les interrogations*.

Exemple:

Haben Sie? Avez-vous? *V. S.*

Nous reparlerons de l'interrogation dans la prochaine leçon, et nous l'exposerons complètement.

2° Dans *toute proposition directe commencée par un autre mot que le sujet*.

Quels sont les mots, autres que le sujet, qui peuvent être mis en tête de la proposition ? Ce sont les *compléments directs* ou les *compléments indirects* de toute nature: quelque fois même, on trouve l'attribut en tête de la proposition, ainsi que le participe passé et l'infinitif.

Voici quelles seront, dans ce cas, les formules des propositions, suivant qu'elles contiennent des attributs (*A*) ou des compléments (*C*).

1°		1 *A.*	2 *V.*	3 *S.*
2°		1 *C.*	2 *V.*	3 *S.*
3°	1 Complément indirect.	2 *V.*	3 *S.*	4 *A.*
4°	1 Complément indirect.	2 *V.*	3 *S.*	4 *C.*

Donnons des exemples de chacun des cas :

1er *Cas.* — Schön ist das Haus *A. V. S.*
2e *Cas.* — Ein Haus kauft mein Vater. *C. V. S.*
3e *Cas.* — Gestern war mein Sohn krank. Complément indirect *V. S. A.*
4e *Cas.* — Heute kaufte mein Vater ein Haus. Complément indirect *V. S. C.*

Le mot *complément indirect* est pris dans un sens très large; il comprend les mots qui ne sont ni sujets, ni verbes ni compléments directs.

Remarquer la place que, dans tous les exemples donnés, a occupée le *verbe;* il a toujours été le *second.* On peut donc poser en principe : que le verbe est toujours le *deuxième terme* de la proposition, excepté dans les interrogations où il est le premier. Par conséquent, si le mot qui le précède est autre que le sujet, celui-ci ne pouvant occuper la seconde place, s'empare de la *troisième;* c'est, sous une autre forme, la règle de l'inversion donnée plus haut.

Mais pourquoi faire l'inversion? Pourquoi déranger l'ordre logique et simple? Quel profit en retire-t-on?

Si l'on veut bien se reporter à la page 78 de l'*Éducation*, on verra que nous en avons déjà donné une raison à propos des phrases :

Seinen Vater liebt ein Sohn,
mis pour : Ein Sohn liebt seinen Vater.

Le mot autre que le sujet, placé ainsi en tête de la proposition, ressort davantage; il est en vedette; l'attention est attirée sur lui.

A cause des facilités que procure la déclinaison, les Allemands peuvent mettre les compléments directs eux-mêmes en tête de la proposition, sans que le sens de la proposition soit altéré et devienne moins clair. L'inversion permet donc de varier la construction de la phrase d'une foule de manières, et, en outre, d'indiquer certaines nuances de sens avec une grande facilité.

Dans la proposition suivante :

Mein Bruder war gestern krank,

j'affirme simplement un fait, c'est que mon frère a été malade hier.

Mais si je dis :

Gestern war mein Bruder krank

tout en affirmant le même fait, j'insiste davantage sur le mot gestern, et je veux que l'on sache bien que *c'est hier* que mon frère a été malade.

Nous continuerons dans la prochaine leçon l'étude de la construction allemande, et nous donnerons des exemples plus nombreux.

EXERCICES

Ein theurer Kopf und ein wohlfeiler.

Als der letzte König von Polen noch regierte, entstand
Alse derr lèlsteu Keûnij fonn Pôl'n noch rejîrleu, entchlannd
gegen ihn eine Empörung. Einer von den Rebellen,
guéjenn îne aïneu Emmpeûroungue. Aïn'r fonn denn Rébell'n,
und zwar ein polnischer Fürst, setzte einen Preis von
ound tsvâr aïne polnisch'r Furst, setsteu aïn'n Praïse fonn
zwanzig Tausend Gulden auf den Kopf des Königs. Ja,
tsvantsij Taousennd Gould'n aouf denn Kopf des Keûnijs. Iâ,
er war frech genug, es dem König selber zu schreiben,
err var frech guénoug, ess demm Keûnij zelb'r tsou chraïb'n,
entweder um ihn zu betrüben, oder zu erschrecken. Der
enntréd'r oum îne tsou bétrûb'n, ôd'r tsou erschreckn. Derr
König aber schrieb ihm ganz kaltblütig zur Antwort:
Keûnig âb'r chrîb ime gânns kalblûtij tsoûr Anntvort:
„Euren Brief habe ich empfangen und gelesen. Es hat mir
« *Oïr'n Brîf hâbeu ich emmpfanng'n ound guélés'n. Ess hat mir*
einiges Vergnügen gemacht, daß mein Kopf bei Euch noch
aïnijeus Ferrgnuj'n guémacht, dass maïn Kopf baï oïch noch
Etwas gilt. Denn ich kann Euch versichern, für den
Etrass guilt. Denn ich kann Oïch ferzich'rn fur denn
Eurigen gäb' ich keinen rothen Heller."
Oïrij'n gêb' ich kaïn'n rôl'n Hell'r. »

Remarque. — Pour la prononciation du g, dans les mots comme König, genug, regieren, gegen, etc., et du ch dans frech, gemacht, euch, noch, etc., revoir les règles de prononciation dans les premiers numéros de *l'Éducation*.

Traduction en mot à mot

Als	lorsque
der letzte	le dernier
König	roi
von Polen	de Pologne
regierte noch,	régnait encore,
eine Empörung	une révolte
entstand	éclata
gegen ihn.	contre lui.
Einer	L'un
von den Rebellen,	des rebelles,
und zwar	et même
ein Fürst	un prince
polnischer	polonais
setzte	mit
einen Preis	un prix
von	de
zwanzig Tausend	vingt mille
Gulden	florins
auf den Kopf	sur la tête
des Königs.	du roi.
Ja, er war	Et même il fut
frech genug,	assez insolent,
es zu schreiben	pour l'écrire (cela)
dem König	au roi
selber,	lui-même,
entweder	ou bien
um zu betrüben	pour affliger
oder um zu	ou pour
erschrecken	effrayer
ihn.	lui.
Aber der König	Mais le roi
schrieb ihm	écrivit à lui
ganz kaltblütig	tout à fait de sang-froid
zur Antwort:	comme réponse :
Ich habe empfangen	J'ai reçu
und gelesen	et lu

Euren Brief	votre lettre.
Es hat gemacht	Cela a fait
mir	à moi
einiges Vergnügen,	quelque (un certain) plaisir
daß mein Kopf	que ma tête
gilt noch Etwas	vaut (vaille) encore quelque chose
bei Euch	pour vous (chez vous),
denn ich kann	car je puis
versichern Euch;	assurer à vous :
für den Eurigen	pour la vôtre
gäb' ich keinen	je ne donnerai aucun
rothen	rouge
Heller	liard.

VERSION

1. Wann regierte der letzte König von Polen?
2. Wo regierte dieser König?
3. Der Fürst war einer der Rebellen.; Warum schrieb er dem König?
4. Was schrieb er ihm?
5. Warum hatte er einen Preis auf den Kopf des Königs gesetzt?
6. Wieviel Gulden setzte er auf den Kopf des Königs?
7. Wieviel Franken gelten zwanzig tausend Gulden?
8. Zwanzig tausend Gulden gelten ungefähr (environ) fünfzig tausend Franken (francs).
9. Wann haben Sie diesen Brief empfangen?
10. Hast du den Brief deines Onkels empfangen? Hast du ihn schon gelesen?

Vocabulaire de la Version

MOTS NOUVEAUX

Letzt	Dernier
der König	(*gén.* s, *pl.* e). le roi.
Pōlen	la Pologne
regīeren	régner, gouverner.
die Empörung	(*pl.* en), la révolte.
gēgen	(*acc.*), contre envers,

der Rebell	(*sing.* et *pl.* en), le rebelle.
zwar	à la vérité.
der Fürst	(*sing.* et *pl.* en), le prince.
setzen	mettre.
der Preis	(*gén.* s, *pl.* e), le prix.
der Gulden	(*gén.* s), le florin.
der Kopf	(*gén.* es, *pl.* " e), la tête.
frech	audacieux, insolent.
genug	assez.
schreiben	(*verbe fort*), écrire.
selber	(*adverbe*), même.
entweder... oder	ou... ou (*répété*).
betrüben	affliger.
erschrecken	effrayer.
schrieb	*imparfait de* schreiben.
ganz	tout à fait.
kaltblütig	(*adjectif*), qui a du sang-froid.
zur	(*pour* zu der).
die Antwort	(*pl.* en), la réponse.
empfangen	*part. de verbes forts* { reçu.
gelesen	*part. de verbes forts* { lu.
der Brief	(*gén.* s, *pl.* e), la lettre.
mir	(*datif de* ich), à moi.
einiges	quelque.
das Vergnügen	(*gén.* s), le plaisir.
gilt	*du verbe* gelten (*verbe fort*), valoir.
Euch	(*datif de* ihr, vous).
bei	(*prép., gouverne le datif*), chez, auprès.
ich kann	*de* können (*verbe fort*), pouvoir.
versichern	assurer
den Eurigen	(*pron. possessif à l'accusatif*), le vôtre.
ich gäbe	*de* geben, donner.
ungefähr	environ.
der Franken	(*gén.* s), le franc.

THÈME

1. Le dernier roi de Pologne régnait encore.
2. Une révolte s'éleva contre lui.
3. Un prince polonais fut très insolent envers (contre) lui.
4. Il mit à prix la tête du roi (il mit un prix sur la tête du roi).
5. Il écrivit au roi, pour l'affliger.
6. Le roi avait du sang-froid (*tournez* : était de sang-froid [adjectif]).
7. Ce rebelle était un prince de Pologne.
8. La lettre du prince (*gén.* en) n'affligea pas le roi et ne l'effraya pas (effraya *lui* pas).
9. Cette lettre lui fit même (ſelbſt) (fit *à lui*) un certain plaisir.
10. Il disait : « Ma tête vaut encore quelque chose à vos yeux, (pour vous).
11. Mais votre tête ne vaut rien.
12. Je ne donnerais pas un rouge liard pour votre tête.
13. Avez-vous lu la lettre du roi ?
14. As-tu reçu la lettre ?
15. M'assurez-vous que... ?

Vingt-neuvième Leçon

Corrigé de la Version et du Thème d'imitation

VERSION CORRIGÉE

1. Quand régnait le dernier roi de Pologne ?
2. Où régnait ce roi ? Le prince était un des rebelles.
3. Pourquoi écrivit-il au roi ?
4. Que lui écrivit-il ?
5. Pourquoi avait-il mis à pris (mis un prix sur) la tête du roi ?
6. Combien de florins mit-il sur la tête du roi ?
7. Combien de francs valent vingt mille florins ?

8. Vingt mille florins valent environ cinquante mille francs.
9. Quand avez-vous reçu cette lettre ?
10. As-tu reçu la lettre de ton oncle? L'as-tu déjà lue?

THÈME CORRIGÉ

1. Der letzte König von Polen regierte noch.
2. Eine Empörung entstand gegen ihn.
3. Ein polnischer Fürst war sehr frech gegen ihn.
4. Er setzte einen Preis auf den Kopf des Königs.
5. Er schrieb dem König, um ihn zu betrüben.
6. Der König war kaltblütig.
7. Dieser Rebelle war einer der Fürsten von Polen.
8. Der Brief des Fürsten betrübte und erschreckte den König nicht.
9. Dieser Brief machte ihm einiges Vergnügen
10. Er sagte: Mein Kopf gilt noch Etwas bei Euch.
11. Aber Euer Kopf gilt Nichts.
12. Ich gäbe keinen rothen Heller für Euren Kopf. (Ich gäbe, *imparfait du subjonctif*, est mis pour : ich würde... geben, *conditionnel.*
13. Haben Sie den Brief des Königs gelesen ?
14. Hast du meinen Brief empfangen?
15. Versichern Sie mir daß... ?

L'INVERSION (*suite*)

Manière de traduire les phrases interrogatives

L'inversion ne sert pas seulement à donner à la phrase une tournure plus vive, plus variée, à mettre en relief l'importance de certains mots ; elle sert encore, elle sert *surtout* à traduire les *phrases interrogatives*. Donc, *pour adresser une question*, nous mettrons toujours *le verbe avant le sujet.*

Mais revenons à notre terme de comparaison ordinaire, à la phrase française.

Comment exprime-t-on en français une proposition interrogative ?

Il faut distinguer deux cas :

1° Le sujet est un *pronom personnel.*

Alors les deux langues procèdent de la même manière : le pronom sujet se met avant le verbe.

Exemples :

Êtes-vous ?	Sind Sie ?
Aviez-vous ?	Hatten Sie ?
Avez-vous été ?	Sind Sie gewesen ?
Serons-nous ?	Werden Wir sein ?

2° Le sujet n'est pas un *pronom personnel,* c'est un substantif ou un pronom quelconque.

Ici la différence est grande entre les deux langues. En français on procède de la manière suivante :

Ou bien, on laisse le sujet véritable, substantif ou pronom, à la place qu'il occuperait dans une proposition affirmative simple, c'est-à-dire *avant le verbe;* puis, pour marquer l'interrogation, on place après le verbe un des pronoms *il, elle, ils, elles,* qui représentent le substantif.

Exemples :

Votre frère est-*il* malade ?
Vos devoirs sont-*ils* faits ?
Le vôtre a-t-*il*?
Celui-ci a-t-*il* ?

Dans la première proposition, le sujet véritable est : *votre frère,* placé avant le verbe; *il,* après le verbe n'est là que pour tenir la place du substantif et marquer l'interrogation.

Dans le deuxième exemple, le sujet *vos devoirs* est représenté après le verbe par le pronom *ils.*

Les deux phrases qui suivent :

Le vôtre a-t-il ?
Celui-ci a-t-il ?

montrent qu'en français la tournure est encore la même avec les *pronoms* autres que les pronoms personnels.

Ce premier artifice dont se sert notre langue n'est pas très compliqué. Il en est encore un autre dont on se sert très souvent, surtout dans le langage de la conversation : on emploie la formule *est-ce que,* et le reste de la proposition sans aucun changement. *Est-ce que* est placé en tête de la phrase pour nous prévenir qu'il s'agit d'une interrogation; cela suffit pour la clarté.

On dira donc :

Est-ce que votre père est malade ?
Est-ce que vos devoirs sont faits ?
Est-ce que le vôtre a... ?
Est-ce que celui-ci a... ?

La proposition française *S. V. A.* (ou *complément*) ne s'est donc pliée à aucune transformation; elle est restée constamment la même: les mots se suivent dans le même ordre, et tout ce qu'on a pu faire, c'est d'ajouter, soit au commencement, soit dans le corps de la phrase, un pronom ou un membre de phrase qui indique l'interrogation.

C'est à peu près le même procédé que pour les phrases affirmatives allemandes que nous avons traduites en français, par l'addition d'un pronom personnel, ou par l'emploi de la tournure *c'est... que*.

Qu'on veuille bien examiner la phrase :

Seinen Bruder liebt dieses Kind

Nous avons donné deux traductions :

1° *C'est* son frère *que* cet enfant aime.
2° Son frère, cet enfant *l'*aime.

sans compter la traduction simple, en ne se préoccupant pas de la nuance de sens :

Cet enfant aime son frère.

Dans les phrases interrogatives allemandes, on supprime ce qui a été ajouté en français; on place le verbe en tête de la proposition, et on le fait suivre du *sujet*.

Votre père est-*il* malade ? *Est-ce que* votre père est malade ?	*Tournez*	Est votre père malade ? Ist Ihr Vater krank?
Vos devoirs sont-*ils* faits ? *Est-ce que* vos devoirs sont faits ?	*Tournez*	Sont vos devoirs faits ? Sind Ihre Aufgaben gemacht ?
Est-ce que le vôtre a... ? Le vôtre a-t-*il* ?	*Tournez*	A le vôtre... ? Hat der Ihrige...?
Est-ce que celui-ci a... ? Celui-ci a-t-*il* ?	*Tournez*	A celui-ci... ? Hat dieser... ?

La formule de la phrase interrogative en allemand est donc la suivante : *V. S. A.*, ou bien *V. S. C.* Dans une proposition simple, où le sujet est un pronom personnel, l'interrogation se confond avec l'impératif.

Kaufen wir ein Haus.	Achetons une maison.
Kaufen wir ein Haus?	Achetons-nous une maison?

Le signe de l'interrogation (?) dans la phrase écrite ou bien l'intonation dans la conversation peuvent, il est vrai, nous faire sentir la différence. Mais ce n'est pas toujours suffisant.

Pronoms et Adjectifs interrogatifs

Il est certains mots qui, par leur nature, doivent être placés en tête de la proposition interrogative, avant le verbe lui-même. Ce sont :

L'adjectif	Welcher? Quel?
La locution	Was für (ein) Quel? Quelle sorte de?

qui accompagnent le substantif.

Le pronom	Wer? Qui? Qui est-ce qui?
	Was? Quoi? Que? Qu'est-ce que?
Les adverbes	Wo? Où? Où est-ce que?
	Wann? Quand? Quand est-ce que?
	Warum? Pourquoi?
	Wie? Comment?

Le reste de la proposition interrogative se construit comme dans une interrogation ordinaire.

Exemples :

Quand votre père a-*t-il* été malade?
Quand *est-ce que* votre père a été malade?

Ces deux propositions se traduisent de la même manière :

Quand a (est) votre père malade été?
Wann ist Ihr Vater krank gewesen?
Où est-ce que votre frère a été?
Où votre frère a-t-il été?
et même : Où a été votre frère?

Ces trois formes de la même question se traduisent en allemand d'une seule manière :

Où a (est) votre frère été ?

Wo ist Ihr Bruder gewesen ?

On voit dans ces deux exemples que le corps de la phrase a conservé la même construction que dans l'interrogation ordinaire, car on retrouve les mots : Ist Ihr Vater krank gewesen ? absolument dans l'ordre *V. S. A.*

Il était utile d'appeler dès maintenant l'attention de nos lecteurs sur ce point; mais il faudra encore y revenir quand nous nous occuperons des pronoms conjonctifs et de leur influence sur la construction, car ces mêmes mots : welcher, wer, was, wie, wo, wann, sont pronoms ou adverbes tantôt interrogatifs, tantôt conjonctifs, et les commençants font souvent une confusion très regrettable entre les deux acceptions si différentes de ces mots.

Trentième Leçon

PRONOMS PERSONNELS. — LEUR DÉCLINAISON

Nous avons déjà cité souvent quelques-unes des formes des pronoms personnels, après en avoir indiqué le sens entre parenthèses.

Le moment est venu de donner leur déclinaison. Cela nous permettra de varier davantage les exercices, en multipliant les compléments directs ou indirects.

Les pronoms personnels restent absolument en dehors des règles de déclinaisons déjà connues. Leurs cas ne ressemblent en rien à ceux des autres mots; ils n'empruntent pas à l'article leurs terminaisons. Ce sont d'anciens mots et d'anciennes formes beaucoup plus riches que celles de la déclinaison actuelle.

Il en était de même pour les temps irréguliers du verbe sein; étant d'un usage constant dans le langage parlé ou écrit, ces petits mots si importants sont restés en partie ce qu'ils étaient autrefois, dans les périodes antérieures de la langue allemande.

Ils ne se sont presque pas transformés, alors que tous les autres mots, substantifs, adjectifs et verbes subissaient les lois d'une évolution régulière.

Le principe que nous avions posé, que toute déclinaison n'a pas d'autres terminaisons que celles de l'article, ne leur est pas applicable; c'est une exception, mais c'est la seule que nous rencontrerons. Voyons d'abord le pronoms au singulier.

Nous connaissons déjà les nominatifs des pronoms personnels au singulier :

Ich, je. Du, tu. Er, il. Sie, elle. Es, il.

Pour trouver le *génitif*, il suffit de se rappeler l'adjectif possessif particulier à chacune des personnes, et d'ajouter la terminaison er, (qui d'ailleurs se retranche souvent).

L'adjectif possessif de la 1re personne est mein; celui de la 2e est dein; celui de la 3e (*masculin* ou *neutre*), sein; celui de la 3e (*féminin*), ihr.

Le génitif sera donc :

1re pers.	*2e pers.*	*3e pers.*	*Neutre*	*Féminin*
Mein (er)	Dein (er)	Sein (er)	Sein (er)	Ihr (er)

Pour les deux autres cas (*datif* et *accusatif*), on ne peut donner aucune règle; il suffit de les apprendre par cœur.

Voici quelle est la déclinaison complète des pronoms personnels au singulier :

Première personne du singulier

Ich	je (*ou* moi).
Mein (er)	de moi.
Mir	à moi.
Mich	moi (*ou* me).

Deuxième personne du singulier

Du	tu
Dein (er)	de toi.
Dir	à toi.
Dich	toi (*ou* te).

Troisième personne

Er, il (*ou* lui, le).	Sie, elle.	Es, il, lui, le.
Sein (er) de lui.	Ihr (er), d'elle.	Sein (er) de lui.
Ihm, à lui (*ou* lui).	Ihr, à elle (*ou* lui).	Ihm, à lui (*ou* lui).
Ihn, lui (*ou* le).	Sie, elle (*ou* la).	Es, lui, le.

Comment on traduit les pronoms **me, te, se, lui**

Les pronoms français *me*, *te*, sont, sans changer de forme, tantôt compléments directs :

Il me loue. Er lobt mich (il loue *moi*).
Il le blâme. Er tadelt ihn (il blâme *lui*).
Il t'aime. Er liebt dich (il aime *toi*).

tantôt compléments indirects :

Il me dit. Er sagt mir (il dit à *moi*).
Il te fournit. Er liefert dir (il fournit *à toi*).

Le pronom *lui* est souvent mis pour : *à lui, à elle*).

Il lui dit. Er sagt ihm.
Il lui achète. Er kauft ihr (il achète *à elle*).

Le pronom *se* est toujours réfléchi ; on le traduit par sich, pronom invariable.

Il se loue. Er lobt sich (il loue *soi*).
Il se donne. Er gibt sich (il donne *à soi*).

Moi, toi, lui, *mis pour :* **je, tu, il.**

Les pronoms personnels français *moi, toi, lui*, sont souvent employés comme sujet au lieu de : *je, tu, il*. Cela arrive :

1° Quand le reste de la phrase est sous-entendu ;

2° Quand il est nécessaire de répéter les pronoms sujets (*je, tu, il*), qui ne doivent pas être employés isolément : mais ces mots restent au nominatif et prennent alors un accent très marqué en Allemand.

> Qui a fait cela ? — *Moi.*
> Wer hat es gemacht? — Ich (sous-ent. *je* l'ait fait).
> *Toi*, tu as fait cela. Du hast es gemacht.
> Il a fait cela, *lui*. Er hat es gemacht.

Nous n'employons en français les formes *je, tu, il*, que comme sujets d'un verbe exprimé.

Ces mêmes pronoms *moi, toi, lui*, peuvent être aussi compléments et se traduire par les accusatifs mich, dich, ihn ; il faut donc, avant de les traduire, se demander toujours quel rôle ces mots jouent dans la phrase, et se rendre comte s'ils sont *sujets* ou *compléments*.

Vocabulaire

Etwas	quelque chose.
nichts	rien.
alles	tout (*neutre*).
fleißig	studieux.
artig	gentil, sage.
rein	propre.
theuer	cher.
wohlfeil ou billig	bon marché.
der Mensch	l'homme (*à tous les cas* en,) } *sauf au nominatif*
der Knabe	le garçon (*à tous les cas* en,) } *sauf au nominatif*
wohnen	demeurer.
in (*datif*)	dans
auch	aussi.
lange	longtemps.
spielen	jouer.
kennen	connaître (*imp.* kannte *part. passé* gekannt.)

jeden Tag — chaque jour.
alle Tage — tous les jours.
einige — quelques (*pronom:* quelques-uns).
mit (*datif*).
kommen (*imp.* kam, *part. passé* gekommen.)

Exercices sur l'Inversion et l'Interrogation

VERSION

1. Haben Sie heute Etwas gelernt?
2. Was haben Sie heute gelernt?
3. Hat Ihr Bruder heute Etwas gelernt?
4. Heute habe ich Nichts gelernt.
5. Morgen wirst du Etwas lernen.
6. Wer hat heute mit dir gespielt?
7. Wo hast du mit deinem Bruder gespielt.
8. Mit wem hat dein Bruder gestern gespielt.
9. Gestern habe ich mit meinem Freunde gespielt.
10. Mit mir hat er gestern gespielt.
11. Gestern hat er mit dir gespielt, und morgen wird er er mit deinem Bruder spielen.
12. Nie hat er mit uns gespielt.
13. Wir spielten jeden Tag mit unserm Vetter.
14. Mit unserm Vetter spielten wir jeden Tag.
15. Alle Tage spielten wir mit unserm Vetter und unsrer Cousine.
16. Mein Vater hat mich heute getadelt.
17. Mich hat mein Vater heute getadelt.
18. Heute hat mich mein Vater getadelt.
19. Warum hat dich dein Vater getadelt?
20. Meine Mutter hat auch meinen Bruder getadelt.
21. Auch meinen Bruder hat meine Mutter getadelt.
22. Meinen Bruder und mich hat meine Mutter getadelt.
23. Dieses Haus war sehr theuer; wer hat es gekauft?
24. War dieses Haus nicht sehr theuer?
25. Haben deine Eltern in diesem Hause gewohnt?
26. Meine Eltern haben lange in diesem Hause gewohnt.

27. In diesem Hause haben meine Eltern lange gewohnt.
28. Lange haben meine Eltern in diesem Haus gewohnt.
29. Wohnten deine Eltern hier?
30. Wer wohnte hier in diesem Hause?
31. War dieses Haus schon gebaut?
32. Ist deine Schwester immer artig?

THÈME

1. Ton oncle demeure-t-*il* dans cette maison?
2. Qui demeure ici? — *Moi*.
3. As-tu demeuré longtemps dans la maison de notre ami?
4. Ce livre est-il cher?
5. Où *l'*as-tu acheté?
6. Chez quel marchand as-tu acheté ce miroir?
7. Ce marchand vend-il de la vaisselle?
8. Où est-ce que ta femme a acheté sa (à elle) vaisselle?
9. Qu'est-ce que cela? Ce n'est rien.
10. Ton frère a-t-il été studieux aujourd'hui?
11. Qui est-ce qui n'a pas été sage? — *Toi? (sujet)*.
12. Qui a joué avec cet enfant? — *Moi (sujet)*.
13. Ta sœur apprend-elle ses leçons (à elle)?
14. Elle les apprend tous les jours.
15. Ton ami connaît-il ton père?
16. Me connaissez-vous? — Je *le* connais (lui), mais je ne *vous* connais pas.
17. Qui *lui* (à elle) a acheté ce livre? — *Nous (sujet)*.
18. Qui a mon couteau? — *Lui (sujet)*.
19. Qui a oublié ses livres? — *Moi*.
20. Comment avez-vous fait votre devoir?
21. Mon devoir, je l'ai bien fait; mais je n'ai pas appris ma leçon.
22. Quand l'apprendrez-vous?
23. Ton frère, je l'aime beaucoup; je le connais depuis longtemps (déjà longtemps).
24. Me connaissez-vous?
25. C'est demain que mon grand-père viendra.
26. C'est hier que ma grand'mère est arrivée.
27. Demain mon oncle viendra peut-être.
28. Peut-être mon oncle viendra-t-il demain?
29. Votre oncle viendra-t-il aujourd'hui ou demain?

30. Qui aimes-tu ? — Qui t'aime ? (*ou* qui est-ce qui t'aime ?)
21. C'est lui que j'aime.
32. C'est moi (*acc.*) qu'il aime.
33. Que t'a-t-il dit ? — Quand t'a-t-il dit cela ? *Tournez :* Quand a-t-il cela (eə) à toi dit ?
34. Il ne me l'a pas dit. (Il a cela (eə) à moi pas dit.)
35. Qu'avez-vous dit à votre sœur ?
36. Je ne lui ai rien dit. (J'ai à elle rien dit.)
37. Peut-être te donnera-t-il quelque chose (donnera-t-il à *toi*).
38. Il ne m'a rien donné (il a à moi....)

Trente-et-unième Leçon

CORRIGÉS DES EXERCICES PRÉCÉDENTS

Corrigé de la Version

1. Avez-vous appris quelque chose aujourd'hui ?
2. Qu'avez-vous appris aujourd'hui ?
3. Votre frère a-t-il appris quelque chose aujourd'hui ?
4. Aujourd'hui, je n'ai rien appris.
5. Demain, tu apprendras quelque chose.
6. Qui a joué avec toi aujourd'hui ?
7. Où as-tu joué avec ton frère ?
8. Avec qui ton frère a-t-il joué hier ?
9. Hier j'ai joué avec mon ami.
10. C'est avec moi qu'il a joué hier.
11. Hier, il a joué avec toi, et demain il jouera avec ton frère.
12. Jamais il n'a joué avec nous.
13. Nous jouions chaque jour avec notre cousin.
14. C'est avec notre cousin que nous jouions chaque jour.
15. Tous les jours nous jouions avec notre cousin et notre cousine.
16. Mon père m'a blâmé aujourd'hui.
17. C'est moi que mon père a blâmé aujourd'hui.
18. Aujourd'hui mon père m'a blâmé.
19. Pourquoi ton père t'a-t-il blâmé ?
20. Ma mère a blâmé aussi mon frère.
21. Mon frère aussi a été blâmé (*passif pour l'actif dans la traduction*) par ma mère (a reçu un blâme de ma mère).

22. Mon frère et moi, nous avons reçu un blâme de notre mère (notre mère nous a blâmés).
23. Cette maison était très chère ; qui l'a achetée ?
24. Cette maison n'était-elle pas très chère ?
25. Tes parents ont-ils demeuré dans cette maison ?
26. Mes parents ont longtemps demeuré dans cette maison.
27. C'est dans cette maison (que) mes parents ont demeuré longtemps.
28. Longtemps (*ou* pendant longtemps), mes parents ont demeuré dans cette maison.
29. Tes parents demeuraient-ils ici ?
30. Qui demeurait ici dans cette maison ?
31. Cette maison-ci était-elle déjà bâtie ?
32. Ta sœur est-elle toujours sage ?

Thème corrigé

1. Wohnt dein Onkel in diesem Haus?
2. Wer wohnt hier? — Ich.
3. Hast du in dem Hause unsers Freundes lange gewohnt?
4. Ist dieses Buch theuer?
5. Wo hast du es gekauft?
6. Bei welchem Kaufmann hast du diesen Spiegel gekauft?
7. Verkauft dieser Kaufmann Tafelgeschirr?
8. Wo hat deine Frau ihr Tafelgeschirr gekauft?
9. Was ist das? — Es ist nichts.
10. Ist dein Bruder heute fleißig gewesen?
11. Wer ist nicht artig gewesen? — Du?
12. Wer hat mit diesem Kind gespielt? — Ich.
13. Lernt deine Schwester ihre Lektionen?
14. Sie lernt sie alle Tage.
15. Kennt dein Freund deinen Vater?
16. Kennen Sie mich? — Ich kenne ihn, aber ich kenne Sie nicht, ou bien : Ihn kenne ich, Sie aber kenne ich nicht.
17. Wer hat ihr (à elle) dieses Buch gekauft? — Wir.
18. Wer hat mein Messer? — Er.
19. Wer hat seine Bücher vergessen? — Ich.
20. Wie haben Sie Ihre Aufgabe gemacht?
21. Meine Aufgabe habe ich gut gemacht; aber ich habe meine Lektion nicht gelernt (ou bien : aber meine Lektion habe ich nicht gelernt).
22. Wann werden Sie sie lernen?

23. Deinen Bruder liebe ich sehr; ich kenne ihn schon lange.
24. Kennen Sie mich?
25. Morgen wird mein Großvater kommen.
26. Gestern ist meine Großmutter angekommen.
27. Morgen wird mein Onkel vielleicht kommen.
28. Vielleicht wird mein Onkel morgen kommen.
29. Wird Ihr Onkel heute oder morgen kommen?
30. Wen liebst du? — Wer liebt dich?
31. Ihn liebe ich.
32. Mich liebt er.
33. Was hat er dir gesagt? — Wann hat er es dir gesagt?
34. Er hat es mir nicht gesagt.
35. Was haben Sie Ihrer Schwester gesagt?
36. Ich habe ihr Nichts gesagt.
37. Vielleicht wird er dir Etwas geben.
38. Er hat mir nichts gegeben.

Différentes manières d'exprimer la même pensée en allemand, à l'aide de l'inversion

Construction directe .	Er hat heute mit seinem Vater gearbeitet. $S\ V\ C_1\ C_2\ P_p$. Il a travaillé aujourd'hui avec son père.
1re Inversion . . .	Heute hat er mit seinem Vater gearbeitet. $C_1\ V\ S\ C_2\ P_p$. Aujourd'hui il a travaillé avec son père.
2e — . . .	Mit seinem Vater hate er heute gearbeitet. $C_2\ V\ S\ C_1\ P_p$. C'est avec son père qu'il a travaillé aujourd'hui.
Construction directe. .	Meine Mutter hat mir gestern ein Buch gekauft. $S\ V\ C_1\ C_2\ C_3\ P_p$. Ma mère m'a acheté un livre hier.
1re Inversion . . .	Ein Buch hat mir gestern meine Mutter gekauft. $C_3\ V\ S\ C_1\ C_2\ P_p$. C'est un livre que ma mère m'a acheté hier.
2e — . . .	Gestern hat mir (à moi) meine Mutter (ou meine Mutter mir) ein Buch gekauft. $C_2\ V\ S\ C_1\ C_3\ P_p$ ou $C_2\ V\ C_1\ S\ C_3\ P_p$. car le complément *pronom* peut s'intercaler entre le verbe et le sujet. Hier ma mère m'a acheté un livre.
3e — . . .	Mir hat meine Mutter gestern ein Buch gekauft. $C_1\ V\ S\ C_2\ C_3\ P_p$. C'est à moi que ma mère a acheté un livre hier.

Nota. — Il y a autant de tournures possibles qu'il se trouve de compléments indirects dans la phrase, outre la construction directe.

Construction directe. . Die Vögel nisten in den Zweigen der Bäume. S V C.
Les oiseaux nichent dans les branches des arbres.

Inversion . . . . . In den Zweigen der Bäume nisten die Vögel. C V S.
Dans les branches des arbres nichent les oiseaux.

Construction directe. . Die Bäume duften im Frühling. S V C.
Les arbres embaument l'air au printemps.

Inversion . . . . . Im Frühling duften die Bäume. C V S.
Au printemps, les arbres embaument l'air.

1e compl. 2e compl. compl. direct

Construction directe. . Sie hat heute meinem Vetter eine Birne und mir einen Apfel geschenkt. S V C_1 C_2 C_3. (*La coordonnée se construit comme la principale.*)
Elle a donné aujourd'hui à mon cousin une poire et à moi (sous-ent. : elle a donné) une pomme.

1re Inversion . . . Meinem Vetter hat sie heute eine Birne und mir einen Apfel geschenkt. C_2 V S C_1 C_3. etc. Nous jugeons inutile de donner une formule pour les phrases suivantes qui sont toutes construites d'après les mêmes principes.
A mon cousin elle a donné une poire et à moi une pomme.

2e — . . . Heute hat sie meinem Vetter eine Birne und mir einen Apfel geschenkt.
Aujourd'hui, elle a donné à mon cousin une poire et à moi une pomme.

3e — . . . Eine Birne hat sie meinem Vetter und mir einen Apfel geschenkt.
C'est une poire qu'elle a donnée à mon cousin et à moi une pomme.

Et enfin, en renversant l'ordre des deux propositions :

Mir hat sie einen Apfel und meinem Vetter einn Birne geschenkt.
A moi elle a donné une pomme et à mon cousin une poire.

Attributs mis en tête de la proposition

Construction directe. . Er war nicht alt, aber schwach.
Il n'était pas vieux, mais faible.

Inversion . . . . . Alt war er nicht, aber schwach.
(Pour vieux), il n'était pas vieux, mais faible.

Ce qui pourrait se tourner encore par :

Schwach war er, aber nicht alt.
Faible, oui, il l'était, mais non pas vieux.

Construction directe. . Dieser Mann ist nicht mehr jung, aber alt.
Cet homme n'est plus jeune, mais vieux.

Inversion . . . . . Jung ist dieser Mann nicht mehr, aber alt.

Ou encore. . . . . Alt ist dieser Mann und nicht mehr jung.

Construction directe. . Er wird morgen hier sein.
Il sera ici demain.

1re Inversion. . . . Hier wird er morgen sein.
C'est ici qu'il sera demain.

2e — . . . Morgen wird er hier sein.
Demain il sera ici.

Construction directe. . Er war niemals krank.
Il n'était jamais malade.

1re Inversion. . . . Niemals war er krank.
Jamais il n'était malade.

2e — . . . Krank war er niemals.
Malade, il ne l'était jamais.

Remarque. — Lorsqu'un complément indirect est en tête de la proposition, on peut vérifier, d'après les exemples qui précèdent, que le verbe vient toujours *immédiatement après le complément indirect*, qu'il est *suivi directement du sujet*, (sauf dans les cas où l'on intercale entre le sujet et le verbe un *complément pronom*), et que l'ordre des autres mots n'est changé en rien.

Les pronoms personnels, qui sont des petits mots très courts, s'intercalent, en effet, souvent entre le verbe et le sujet, si celui-ci est un substantif, ou un mot autre qu'un pronom personnel.

On dit :

Heute hat mir meine Mutter...

Mais on dirait :

Heute hat er mir...

Les phrases que nous venons de citer, et leur traduction en français, nous aideront à comprendre les chapitres qui suivront. On n'aura qu'à se reporter aux exemples déjà donnés.

Trente-deuxième Leçon

La langue française emploie-t-elle l'Inversion

Notre langue avait autrefois une construction beaucoup plus variée que dans son état actuel. Sans remonter trop haut, nous pourrions recommander à nos élèves de lire attentivement La Fontaine ; ils verraient à chaque ligne combien la phrase était plus souple ; l'ordre des mots n'était pas fixé d'une manière aussi rigide qu'aujourd'hui ; cela donnait plus d'imprévu, plus de variété, plus de charme au langage. De l'inversion, notamment, qui était autrefois d'un usage courant, il nous est resté de nombreux débris.

On dit encore souvent :

Grand fut notre étonnement, *au lieu de :* Notre étonnement fut grand.

Inversion

Peut-être avez-vous su... *au lieu de :* Vous avez su peut-être.

Aussi n'ai-je jamais... *au lieu de :* Aussi je n'ai jamais.

Toujours est-il que...

Dans cette maison est mort...

Ici repose...

On connait le vers :

> Jadis vivait en Normandie — un prince...

Et la fameuse inversion :

> Restait cette redoutable infanterie espagnole. (BOSSUET).

Ce qui n'est plus guère qu'une exception dans notre langue est d'un usage courant en allemand.

Phrases intercalées ou incises

L'inversion se retrouve, en français comme en allemand, dans les petites phrases *intercalées* ou *incises*.

V. S.	V. S.
Maintenant, *dit-il*	Nun, sagte er.
V. S.	V. S.
Hélas ! *s'écria-t-il.*	Ach! rief er.
V. S.	V. S.
Jamais, *répondit-il.*	Nie, antwortete er.

Nous pouvons donc conclure de ce qui précède que la langue française offre encore aujourd'hui des exemples d'inversions.

Mais il y a mieux : *en français*, le sujet n'est pas toujours le premier mot de la proposition.

Pour varier la construction, il arrive fréquemment, surtout dans le langage ordinaire, que nous mettons en tête de la proposition un *complément indirect* du verbe; un complément circonstanciel de temps, de lieu, de manière, etc.; si, dans la traduction en allemand, on veut conserver autant que possible le même ordre qu'en français, il faudra simplement faire l'*inversion*, c'est-à-dire mettre le sujet après le verbe.

	S. V.
En tête complément indirect.	A tous il a donné...
	S. V.
	Allen hat er... gegeben.
	S. V.
— — *de temps.*	Demain nous verrons nos amis.
	S. V.
	Morgen werden wir uns(e)re Freunde sehen.
	S. V.
— — *de lieu.*	Ici, on bâtira une maison.
	V. S.
	Hier wird man ein Haus bauen.
	S. V.
— — *de manière.*	De cette façon il a...
	V. S.
	(So) Auf diese Weise hat er...
	Etc., etc.

Nous pourrions multiplier les exemples à l'infini ; mais nous en avons donné assez pour montrer que « l'inversion est *nécessaire* en allemand, quand la proposition ne commence pas par le sujet », tandis que cette inversion a lieu assez rarement en français.

Jusqu'ici, la construction de la proposition allemande, n'est en rien supérieure à celle de la proposition française. Mais il faut remarquer que nous avons parlé seulement de *compléments indirects*. Il ne nous est pas permis en français de placer en tête les *compléments directs*, tandis que les Allemands le peuvent, grâce aux facilités que leur donne la déclinaison. La phrase suivante :

Seinen Sohn hat er gestraft,

ne pourra pas se traduire littéralement, en suivant l'ordre des mots ; il il faudra avoir recours à des artifices que nous allons expliquer.

Par quelle tournure le français remplace-t-il l'Inversion, quand il s'agit d'un complément direct mis en tête de la proposition ?

Ne pouvant mettre en tête d'une proposition le complément direct qu'il peut vouloir faire ressortir, le français se sert de moyens moins simples que l'allemand mais peu compliqués cependant.

Seinen Sohn hat er gestraft

se traduira :

C'est son fils qu'il a battu.

De même la proposition :

Meinen Bruder liebe ich,

pourra se traduire à l'aide de la même périphrase :

C'est mon frère que j'aime.

On traduira aussi :

Ihn habe ich getadelt,

par : C'est lui que j'ai blâmé.

Sie aber habe ich getadelt

pourra se traduire de trois manières :

1° Mais je vous ai blâmé.
2° Quant à vous, je vous ai blâmé.
3° Vous, je vous ai blâmé.

Il y aura donc à prendre garde, en traduisant des phrases françaises analogues, de ne pas se donner la peine de rendre tous ces mots *supplémentaires* dont on peut se passer en allemand, grâce à l'inversion.

Vocabulaire

der Speisesaal (*gén.* es, *pl.* die Speisesäle.	*Racine* speisen, manger ; der Saal, la salle.
der Tellerschrank (*gén.* es, *pl.* " e)	le buffet. Remarquer que, dans les mots composés, le dernier seul donne le genre et prend les terminaisons.
die Lampe (*pl.* n)	la lampe.
das Tischtuch (*gén.* es, *pl.* " er).	*Racine*, der Tisch, la table ; das Tuch, le drap.
die Serviette	la serviette.
das Tafelgeschirr (*sans pluriel*)	la vaisselle.
die Schüssel (*pl.* n)	le plat.
die Suppenschüssel	la soupière.
der Teller (*gén.* s)	l'assiette.
der Löffel (*gén.* s)	la cuiller.
die Gabel (*pl.* n)	la fourchette.
das Messer (*gén.* s)	le couteau.
das Glas (*pl.* n)	le verre.
die Flasche (*pl.* n)	la bouteille.
die Wasserflasche (*pl.* e)	la carafe.
das Gläschen	le petit verre.
die Tasse (*pl.* n)	la tasse.
die Theetasse	la tasse à thé.

die Kaffeetasse	la tasse à café.
die Theekanne	la théière.
die Kaffeekanne	la cafetière.
der Topf (*gén.* es, *pl.* " e)	le pot.
der Senftopf	le pot de moutarde.
das Salzfaß (*gén.* s, *pl.* " er)	la salière.
das Ölkrüglein	la burette à l'huile.
die Zuckerbüchse	le sucrier.
bei	chez (*gouverne le datif*).
geben	donner.
brauchen	avoir besoin (de).
sollen	devoir.
gehören	appartenir.
wem	à qui ? (*datif de* wer).
essen	manger.
trinken	boire.
sagen	dire.
gehen	aller.
um	autour (*gouverne l'accusatif*).
decken den Tisch	mettre { la table. / le couvert. }
rein	propre.
vergessen	oublier (*infinitif et part. passé*).
bringen	apporter.
verkaufen.	
bei Tische (sein).	être à table.
zu Tische gehen.	Aller (se mettre) à table.
der Kaufmann (*gén.* es)	le marchand.
die Kaufleute (*pluriel irrégulier*).	

Remarque. — Dans un mot composé, le premier a l'accent principal, et le le second, l'accent secondaire, c'est-à-dire un deuxième accent beaucoup moins fort.

VERSION

1. Dieses Tischtuch ist zu klein für diesen Tisch.
2. Wird werden eines kaufen.
3. Meine Mutter hat Lust, Tischtücher und Servietten zu kaufen.
4. Bei welchem Kaufmann haben Sie Ihr Tafelgeschirr gekauft.
5. Wo ist meine Serviette? Ich habe sie nicht.
6. Sie ist auf Ihrem Stuhle.
7. Sie haben keine Gabel; ich werde Ihnen eine geben.
8. Haben Sie Alles was Sie brauchen?
9. Die Kinder sollen mit den Messern nicht spielen.
10. Gehen wir jetzt in den Speisesaal?
11. Die Stühle sind in dem Speisesaal um den Tisch.
12. Hat man schon den Tisch gedeckt?
13. Unsere Magd hat den Tisch gedeckt.
14. Meine Schwester deckte immer den Tisch mit der Magd.
15. Ich habe die Teller, (die) Löffel, (die) Messer und (die) Gabeln auf den Tisch gelegt.
16. Hat man Nichts vergessen?
17. Nein, die Magd hat die Gläser und die Flaschen auf den Tisch gestellt.
18. Sie wird bald die Suppenschüssel bringen.
19. Ihr Tellerschrank ist sehr schön; wo haben Sie ihn gekauft?
20. Ich habe ihn, mit dem Tisch und den sechs Stühlen, bei dem Kaufmann K..., hier in Paris, gekauft.
21. Brauchen Sie keinen Tisch? Ich brauche keinen.
22. Das Tafelgeschirr hätte ich auch in Paris gekauft; aber mein Vater hat es mir geschenkt.
23. Wir gehen zu Tisch.
23. Sind Sie schon bei Tische?

THÈME

1. Votre vaisselle est belle; chez quel marchand l'avez-vous achetée?
2. Quand achèterons-nous un buffet?
3. J'(en) ai eu souvent besoin (d'un), et j'en ai encore besoin.
4. Vous nettoierez bien la vaisselle.
5. Les assiettes doivent être très propres, comme les couteaux et les fourchettes.

6. Tout (*neutre*) était toujours très propre dans la salle à manger de mes parents.

7. Nous avons acheté soixante-douze assiettes, vingt-quatre couteaux : douze grands et douze petits.

8. Nous avons été souvent dix ou onze à table.

9. Notre table était très grande.

10. Chez mon père, nous étions souvent douze à table, mais pas souvent treize.

11. Nous mangerons bientôt; allons dans la salle à manger.

12. Qu'est-ce qu'a dit la servante ?

13. Elle a dit : la table est mise (*mot à mot :* couverte).

14. Apportez ces chaises dans la salle à manger, autour de la table.

15. Apportez encore une serviette et une assiette.

16. Vous ne buvez pas.

17. Il faut manger et boire (vous devez boire...) car vous n'êtes pas encore très fort.

18. Je n'ai pas de couteau.

19. Vous n'avez pas d'assiette ? (En) voici une.

20. Avez-vous tout ce qu'il vous faut ? (Was Sie brauchen).

21. Nous avons tout ce qu'il nous faut.

Trente-troisième Leçon (1)

Corrigés des exercices de la 32e Leçon

VERSION CORRIGÉE

1. Cette nappe est trop petite pour cette table.
2. Nous (en achèterons une.
3. Ma mère a envie d'acheter des nappes et des serviettes.
4. Chez quel marchand avez-vous acheté votre vaisselle ?
5. Où est ma serviette ? Je ne l'ai pas.
6. Elle est sur votre chaise.

(1) Plusieurs de nos lecteurs nous demandent de leur indiquer un dictionnaire pour traduire les versions de notre cours. Parmi les petits dictionnaires, nous citerons ceux d'Adler-Mesnard, Daniel, Heinhold : comme dictionnaire complet, celui de Suckau-Fix (librairie Hachette), est actuellement un des plus clairs et des meilleurs.

7. Vous n'avez pas de fourchette; je vous en donnerai une (vais werde vous en donner une).

8. Avez-vous tout ce dont vous avez besoin? (tout ce qu'il vous faut?)

9. Les enfants ne doivent pas jouer avec les couteaux.

10. Allons-nous maintenant dans la salle à manger?

11. Les chaises sont dans la salle à manger autour de la table.

12. A-t-on déjà mis la table?

13. Notre servante a mis le couvert.

14. Ma sœur mettait toujours le couvert avec la servante.

15. J'ai mis les assiettes, les cuillers, les couteaux et les fourchettes sur la table (legen, placer ou mettre quand l'objet est couché).

16. N'a-t-on rien oublié.

17. Non; la servante a mis les verres et les bouteilles sur la table (stellen, mettre debout).

18. Elle apportera bientôt la soupière.

19. Votre buffet est très beau; où l'avez-vous acheté?

20. Je l'ai acheté, avec la table et les six chaises, chez le marchand K..., ici à Paris.

21. N'avez-vous pas besoin de ma table? Je n'*en* ai pas besoin (j'ai besoin *d*'aucune).

(Brauchen est un verbe *actif;* le mot qui suit *de* en français est son *complément direct* et se met à l'accusatif.

22. Pour la vaisselle, je l'aurais achetée aussi à Paris; mais mon père m'en a fait cadeau (me l'a donnée).

23. Nous allons à table.

24. Êtes-vous déjà à table?

THÈME CORRIGÉ

1. Ihr Tafelgeschirr ist schön; bei welchem Kaufmann haben Sie es gekauft.

2. Wan werden wir einen Tellerschrank kaufen?

3. Ich habe oft einen gebraucht, und ich brauche noch einen.

4. Sie werden (ou sollen) das Tafelgeschirr gut reinigen.

5. Die Teller sollen sehr rein sein, wie die Messer und (die) die Gabeln.

6. Alles (neutre) war immer sehr rein in dem Speisesaale meiner Eltern.

7. Wir haben swei und siebzig Teller, vier und zwanzig Messer (zwölf große, zwölf kleine), und so weiter (et ainsi plus loin *ou* de suite) gekauft.

8 Wir sind oft zehn oder elf bei Tische gewesen.

9. Unser Tisch war sehr groß.

10. Bei meinem Vater waren wir (inversion) oft zwölf bei Tische, aber nicht oft dreizehn.

11. Wir werden bald essen; lasset uns in den Speisesaal gehen (*impératif composé*).

12. Was hat die Magd gesagt?

13. Sie hat gesagt: Der Tisch ist gedeckt.

14. Bringen Sie diese Stühle in den Speisesaal, um den Tisch.

15. Bringe noch eine Serviette und einen Teller.

16. Sie trinken nicht.

17. Sie sollen essen und trinken, denn Sie sind noch nicht sehr stark.

18. Ich habe kein Messer.

19. Sie gaben keinen Teller; hier ist einer (pronom).

20. Haben Sie Alles was Sie brauchen?

21. Wir haben Alles was wir brauchen.

Pronoms personnels

Les trois personnes du pluriel

1re personne. — *Nominatif.* Wir, nous.
Génitif. Unser, de nous.
Datif. Uns, à nous.
Accusatif. Uns, nous.

Le datif et l'accusatif sont semblables.

2e personne. — *Nominatif.* Ihr, vous.
Génitif. Euer, de vous.
Datif. Euch, à vous.
Accusatif. Euch, vous.

Ici encore, le datif et l'accusatif sont identiques.

3e personne. — *Nominatif.* Sie, ils *ou* elles.
Génitif. Ihrer, d'eux *ou* d'elles.
Datif. Ihnen, à eux *ou* à elles (*abréviation :* leur).
Accusatif. Sie, eux *ou* elles (les, *complément*).

Nous, *sujet ou complément.*

Le pronom *nous* peut-être employé comme sujet et comme complément ; l'élève doit donc toujours se demander quel rôle ce mot joue dans la proposition.

Nous aimons nos enfants.
Wir lieben unsre Kinder.

Qui est-ce qui aime ? Nous. Donc *nous* est sujet et se traduit par wir.

Nos enfants nous aiment.
Unsre Kinder lieben uns.

Nous est ici complément direct, puisqu'il répond à la question : *qui ? quoi ?* et il doit être à l'accusatif.

Il nous disait.
Er sagte uns.

Nous est ici complément indirect et se met au datif, qui, nous l'avons vu, est semblable à l'accusatif.

Vous, *sujet ou complément*

Les remarques que nous venons de faire pour le pronom *nous* s'appliquent également au pronom *vous* de la deuxième personne. Nous verrons plus loin quand cette deuxième personne peut et doit être employée.

Enfants, vous aimerez vos parents.
Kinder, ihr werdet eure Eltern lieben.

Vous est sujet et reste au nominatif.

Enfants, aimez-vous les uns les autres.
Kinder liebet euch einander.
Que vous dit-il ? (Que dit-il à vous ?)
Was sagt er deuch ?

Le pronoms *les* est souvent complément direct et signifie *eux ;* on le traduit par sie. Il ne faut donc pas le confondre avec le mot *les*, article, faute que les commençants font généralement.

Le pronom *leur*, invariable, signifie *à eux* et doit se traduire par le datif ihnen.

Je *leur* ai dit.
Ich habe ihnen gesagt.

Ces remarques sont si simples qu'elles paraîtront peut-être superflues à beaucoup de nos lecteurs. Cependant, elles ne nous semblent pas inutiles, parce que nous avons souvent vu des élèves intelligents tomber dans ces erreurs grossières, faute de réflexion.

Emploi du génitif des pronoms personnels

Les formes mein, dein, sein, unser, euer, ihrer, des génitifs sont employées pour indiquer la possession, au lieu du datif que le français semble préférer.

A qui est ce livre ?
Wessen ist dieses Buch ?
Ou même : Wessen Buch ist das ?

Wessen est le génitif du pronom wer, *qui*.

Ce livre est *à moi*.
Dieses Buch ist mein *(gén)*.
Ce livre est *à toi*.
Dieses Buch ist dein.

Et ainsi de suite pour toutes les autres personnes.

Ces génitifs mein, dein, etc., où la terminaison er est le plus souvent supprimée, ont donné naissance aux adjectifs possessifs mein, dein, sein, etc. On a dû dire d'abord :

Le livre de moi.
Das Buch mein.

Puis, en intervertissant l'ordre des mots, ce qui amène la suppression de l'article :

De moi (le) livre.
Mein Buch.

A la troisième personne du singulier, quand il s'agissait d'un possesseur féminin, on disait :

Le livre d'elle.
Das Buch ihr (er).

Puis, en renversant l'ordre :

Ihr Buch. Son livre (à elle).

Cela nous montre clairement pourquoi les possesseurs du féminin n'ont pas le même adjectif possessif que ceux du masculin et du neutre, tandis qu'en français le même adjectif possessif *son* sert pour les possesseurs masculins et féminins.

Trente-quatrième Leçon

PRONOMS PERSONNELS. — (*Suite*)

Emploi des pronoms personnels

Ich, désigne, comme le mot français *je*, la personne qui parle.

Ich bin Je suis.
Ich werde Je deviens.
Ich kaufe J'achète.

Dans le langage familier on le supprime quelquefois.

Habe kein Futter, erfriere bald.
Je n'ai pas de nourriture, *je* vais mourir de froid.

Gœthe l'a employé en poésie dans une scène célèbre de *Faust*.

Habe nun, ach! Philosophie...
J'ai maintenant, hélas ! (étudié à fond) la philosophie.

Du

Du sert à tutoyer et s'emploie comme en français, entre personnes très intimes ; on l'emploie aussi en s'adressant à un enfant ou à un serviteur :

Just, ich glaube du zankst.
Just, je crois que tu te querelles. (Lessing, *Minna de Barnhelm*).

dit le major de Tellheim à son domestique.

Comme dans les langues anciennes, on emploie le pronom du en s'adressant à Dieu :

Vater unser der du bist im Himmel.
Notre père qui êtes aux cieux.

Remarquer en passant la place du mot unser, *notre* ou *de nous*, ce qui confirme les observations que nous venons de faire plus haut sur l'origine des adjectifs possessifs. Vater unser signifie en réalité : *père de nous* et le mot unser est devenu adjectif possessif plus tard.
Du se supprime comme ich dans le langage familier.
Schiller a dit en poésie :

Lieb Knabe, bist mein.
Cher enfant, tu m'appartiens (tu es à moi).
(Wilhelm Tell).

Er, sie, es.

Er s'emploie au masculin ; sie, au féminin ; es, au neutre.
Signalons un emploi curieux du pronom Er. On l'employait autrefois en s'adressant à un domestique, à un inférieur, et surtout à une personne pour laquelle on éprouvait de l'antipathie ou du mépris. Prenons des exemples dans une comédie très célèbre d'un des meilleurs écrivains de l'Allemagne, dans la *Minna de Barnhelm*, de Lessing.
Le comte de Tellheim, parlant à son fidèle domestique Just le tutoie ; c'est de la familiarité et de l'amitié.

Ich bin dir sehr verbunden, Just.
Je te suis bien obligé, Just.

S'adresse-t-il à l'aubergiste, son irritation légitime ne se trahit que dans la froideur de ses réponses ; avec lui, il emploie le pronom Sie. Il ne veut pas qu'aucune familiarité s'établisse entre eux ; il se tient à distance.

Gehen Sie nur, mein Herr lassen Sie mich.
Partez, monsieur, laissez-moi.

Mais Just, qui tient moins à sa dignité et qui s'abandonne à sa colère, marque son dédain et son irritation par l'emploie constant du pronom Er, et l'aubergiste, tenu envers ce domestique à moins de ménagements qu'envers le maître, lui réplique de la même manière.

Just. — Sage Er was Er will.

Dites ce que vous voudrez. (Qu'*il* dise ce qu'*il* voudra).

Der Wirth. — Denke Er nicht mehr daran, Her Just.

Ne pensez plus à cela, monsieur Just. (Qu'*il* ne pense)

Just. — Aber, Herr Wirth, Er ist doch ein Grobian.

Mais, monsieur l'aubergiste, *vous* n'en êtes pas moins un malotru.

Ces mots: Herr Just, Herr Wirth, *monsieur Just, monsieur l'aubergiste*, contrastent singulièrement en apparence, avec l'emploi du pronom Er. L'habitude de parler à la troisième personne du pluriel Sie est venue, dit-on du langage de cour; on disait :

Ihre Herrschaften haben,
Vos seigneuries ont.

De même nous trouvons dans la pièce citée plus haut:

Ihro (pour Ihre) Gnaden sollten glauben, daß...
Votre Grâce irait croire que...

Le pronom Sie (*vous*) ne fait que remplacer ces sortes de substantifs; de même on pourrait peut-être dire que Er tient la place du substantif der Herr, ou de tout autre substantif analogue.

Wir.

Wir traduit exactement le pronom français *nous* quand celui-ci est sujet.

Ihr.

Ihr, seconde personne du pluriel, n'est plus employé pour traduire le *vous* du français dans la conversation polie. (Se rappeler l'anecdote que nous avons racontée au sujet du forestier de Breslau). Cependant, il ne faudrait pas croire que le pronom Ihr soit hors d'usage. Son emploi est nécessaire dans plusieurs cas que nous allons énumérer :

Il faut employer le pronom Ihr pour traduire le pronom français *vous :*

1o Quand on parle à plusieurs personnes que l'on tutoie séparément. (Voir plus haut les exemples cités et dans lesquels on indique les personnes que l'on peut tutoyer).

2o Quand on adresse un discours à des personnages historiques qui ont vécu à une époque assez reculée.

Ihr, Herren der Nationen, ihr habt euch zu den Sklaven der leichtfertigen Männer gemacht, die ihr besiegt habt.

Vous, les maîtres des nations (les Romains), vous vous êtes rendus les esclaves des hommes frivoles que vous avez vaincus.

3° Dans la tragédie, l'épopée, le drame, on emploie souvent Ihr.

Ainsi, Lessing, dans *Nathan le Sage*, s'en sert constamment.

Acte Ier, scène Ire. — DAYA (*servante, à son maître*)

Nennt Ihr alles, was Ihr besitzt, mit eben so viel Rechte das Eure?
Tout ce que vous possédez, avez-vous autant de droits de l'appeler vôtre ?

Acte Ier, scène Ire. — DAYA.

So seid Ihr nun!
Voilà comme vous êtes !

Schiller fait de même dans *Marie Stuart*, où l'on rencontre à chaque instant Ihr au lieu de Sie.

KENNEDY.

Was macht Ihr, Sir?
Que faites-vous, seigneur?

Dans la *Pucelle d'Orléans :*

Acte Ier, scène VIII. — SOREL.

Ihr kommt allein!
Vous venez seul !

Acte Ier, scène IX. — L'ARCHEVÊQUE.

Umarmt Euch, Prinzen!
Embrassez-vous, princes !

En revanche, on trouverait des exemples de l'emploi du pronom Sie dans d'autres pièces des mêmes auteurs; dans les pièces modernes, où l'action est plus rapprochée de nous, Sie est exclusivement employé.

4° Ihr s'emploie en général dans le style soutenu, dans les maximes de morale d'une portée générale, dans les discours qui s'adressent à une collectivité.

Aimez-vous les uns les autres.
Liebet (euch) einander.

Remarque. — Dans les Assemblées délibérantes, dans les tribunaux, l'emploi du pronom Sie est seul permis de nos jours. Cet usage, adopté d'abord dans la bonne société, a donc triomphé peu à peu du pronom plus ancien qui seul exprimait véritablement l'idée contenue dans notre mot *vous*.

Pronoms employés en allemand et non en français

Dans les propositions où le sujet serait au vocatif en latin, après les exclamations et enfin quand on adresse la parole à quelqu'un à l'aide d'un substantif ou d'un adjectif, et quelquefois à l'aide de ces deux mots, on fait souvent précéder ce substantif ou cet adjectif du pronom qui convient à la personne à qui l'on s'adresse. Ex. :

Cher ami !
Du lieber Freund !

Dans son *Roi des Aulnes*, Gœthe dit :

Cher enfant ! viens, pars avec moi !
Du, liebes Kind, komm' geh' mit mir. (Erlkönig).

Dans Schiller, Jeanne d'Arc avant son départ pour Bourges, fait ses adieux à Domremy et s'écrie :

Lebt wohl, ihr Berge ! Ihr geliebten Triften !
Adieu, montagnes, (et vous) pâturages aimés !

Nous compléterons, dans la prochaine leçon, les règles sur l'emploi des pronoms, en parlant du plus important de tous, du pronom neutre es.

VERSION

Exercice de lecture et de traduction

Traduire avec un dictionnaire quelconque la version suivante :

Die Canarienvögelchen.
Di Canâriennfeug'lchen.

Ein kleines Mädchen, Namens Carolina, hatte ein aller-
Aïn klaïn's Mêdchenne, Nâmenns Carolina, hateu aïn all'r-
liebstes Kanarienvögelchen.
libst's Canârienn feug'lchen.

Das Thierchen sang vom Morgen bis an den Abend
Dàs Thìrchen sanng fom Morjen bis ann denn Abennd
und wār sehr schön. Carolīna aber gāb ihm Samen
ound vàr zêr sheûn. Carolîna Ab'r gâb îme Sâm'n
zu essen und kühlendes Kraut, auch zuweilen ein
tsou ess'n ound kûlennd's Kraoute, aouch tsouvaïl'n aïn
Stückchen Zucker, und täglich frisches klares Wasser.
Stukchenn Tsouk'r ound têglich frisch's klâr's Vass'r.
Aber plötzlich begann das Vögelchen zu trauern und
âb'r pleutslich béganu das Feûg'lchenn tsou traouer'n ound
eines Morgens, als Carolīna ihm Wasser bringen wollte
aïn's Morjenns, als Carolîna îme Vass'r brinng'nn vollen,
lag es todt in dem Käfig. Da erhob die Kleine ein
lâg ess tôt inn dem Kêfig Dà erhôb di Klaînen aïn
lautes Wehklagen um das geliebte Thier. Die Mutter
laout's Vêklâguenn oum dass guelîbten Tîr. Di Mout'r
kaufte ein anderes. Allein, das Mädchen weinte noch
kaouften aïn ander's. Allaïn, dass Mêdchenn vaïnten noch
lauter, als es das neue Vögelchen sah.
laout'r, als ess dass noïeu Feûg'lchenn zâ.
Da sagte die Mutter: Mein liebes Kind, warum
Dà zâgten di Mout'r: Maïn lîb's Kinnd, varoum
weinst du noch und bist so sehr betrübt? Deine Thränen
vaïnst dou noch ound bist zo zêr bétrûbt? Daïnen Trên'n
werden das gestorbene Vögelchen nicht in das Leben
verdh'n dass guéchtorbenen Feûg'lchenn nicht inn dass Lêb'n
rufen, und hier hast du ein anderes, das so schön
roûf'n, ound hîr hast dou aïn annder's, dàs zo scheûn
ist als jenes.
ist als iên's.

(Fortsetzung folgt.)

Après avoir prononcé plusieurs fois cet exercice et avant de traduire, prendre connaissances des quelques remarques indispensables qui suivent :

Explication de quelques difficultés grammaticales qui n'ont pas encore été étudiées dans le cours.

Canarienvögelchen — La terminaison chen indique un diminutif; de même pour les autres mots terminés en chen.; Stückchen (cherchez Stück), etc.

klein-es — Le dictionnaire donne l'adjectif klein sans terminaison. Traduire les adjectifs sans se préoccuper de leur terminaison, que nous étudierons prochainement. Même observation pour : allerliebst-es, klar-es fühlendes (participe présent de fühlen), frisch-es, klar-es, neu-e, lieb-es gestorben-e (participe passé de sterben).

Namens — (Génitif), du nom de... (nom. der Name ou Namen).

sang — Prétérit (imparfait) de singen (verbe fort).

vom — Contraction pour von dem.

gab — Imparfait de geben (verbe fort).

begann — Imparfait de beginnen (verbe fort).

eines Morgens — Le nom de temps se met quelquefois au génitif, mais le plus souvent à l'accusatif.

lag — Imparfait de liegen (verbe fort).

erhob — Imparfait de erheben (verbe fort).

so sehr — Traduisez comme s'il y avait simplement so

Nota. — 1° Ne pas oublier que les participes et les infinitifs sont toujours à la fin de la proposition, et que, dans les propositions *subordonnées*, le verbe est rejeté à la fin. Cette tournure que nous ne rencontrons pas en français, s'appelle le *rejet du verbe*.

Als Carolina ihm Wasser bringen wollte (proposition subordonnée).

Le verbe wollte, qui porte la marque de la personne, est rejeté à la fin de la proposition.

2° Quelquefois, dans la proposition *principale* le verbe est avant le sujet (*inversion*). Ex. :

Lag es todt in dem Käfig,

et non pas : Es lag, etc.

Avec ces quelques indications, tout commençant devra pouvoir traduire seul la version donnée.

N° 3. Prix : 50 Centimes.

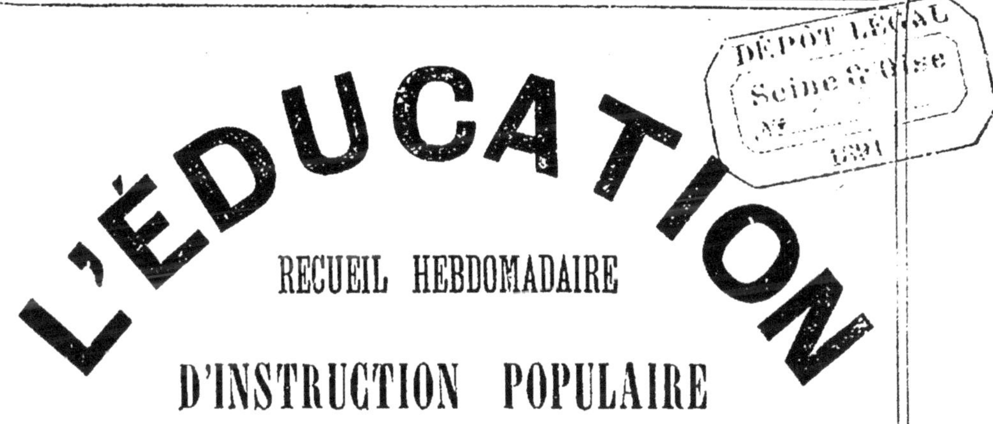

L'ÉDUCATION

RECUEIL HEBDOMADAIRE

D'INSTRUCTION POPULAIRE

A L'USAGE

Des jeunes gens qui se destinent au Commerce
à l'Industrie, à l'Armée ; des adultes : Commerçants
Fabricants, Industriels, Employés
etc., etc.

PREMIERS COURS PUBLIÉS

L'ANGLAIS

Méthode pratique de langue anglaise, permettant d'apprendre à la parler et à l'écrire même sans l'aide du professeur.

PAR

J. FOUGERON

Professeur agrégé au Collège Rollin

L'ALLEMAND

COURS ÉLÉMENTAIRE de LANGUE ALLEMANDE

PAR **Charles FEUILLIÉ**

Professeur agrégé au Lycée Janson de Sailly

LA COMPTABILITÉ

MÉTHODE PRATIQUE & FACILE

PAR **M. CLAPERON**

Professeur à l'École des Hautes Études commerciales
au Collège Chaptal
à l'École J.-B. Say et à l'École coloniale

L'ARITHMÉTIQUE

COURS COMPLET

PAR **Henri BUISSON**

Licencié ès-sciences mathématiques
Professeur agrégé à l'École J.-B. Say

Les Cours sont séparés et peuvent former des volumes indépendants les uns des autres

LIBRAIRIE DES PUBLICATIONS MODERNES, 18 Rue Montmartre, PARIS

Nº 4. Prix : 50 Centimes.

RECUEIL HEBDOMADAIRE

D'INSTRUCTION POPULAIRE

A L'USAGE

Des jeunes gens qui se destinent au Commerce à l'Industrie, à l'Armée ; des adultes : Commerçants Fabricants, Industriels, Employés etc., etc.

PREMIERS COURS PUBLIÉS

L'ANGLAIS

Méthode pratique de langue anglaise, permettant d'apprendre à la parler et à l'écrire même sans l'aide du professeur.

PAR

J. FOUGERON

Professeur agrégé au Collège Rollin

L'ALLEMAND

COURS ÉLÉMENTAIRE de LANGUE ALLEMANDE

PAR **Charles FEUILLIÉ**

Professeur agrégé au Lycée Janson-de-Sailly

LA COMPTABILITE

MÉTHODE PRATIQUE A FACILE

PAR **M. CLAPERON**

Professeur à l'École des Hautes Études commerciales au Collège Chaptal à l'École J.-B. Say et à l'École [illegible]

L'ARITHMÉTIQUE

COURS COMPLET

PAR **Henri BUISSON**

Licencié ès sciences mathématiques
Professeur [illegible] à l'École J.-B. Say

Les Cours sont séparés et peuvent former des volumes indépendants les uns des autres

---

LIBRAIRIE DES PUBLICATIONS MODERNES, 18, Rue Montmartre, PARIS

L'ÉDUCATION

Faire une œuvre utile à tous : jeunes gens qui se destinent au Commerce, à l'Industrie, à l'Armée, etc.; adultes, appelés, soit pour les transactions internationales, à avoir besoin des langues étrangères; soit, pour leurs maisons, à avoir à vérifier leurs livres de comptabilité; tel à été le but de cette publication.

Nous avons commencé par les Cours les plus utiles : *l'*__Anglais,__ *l'*__Allemand,__ *la* **Comptabilité** *et l'*__Arithmétique.__ *Les noms des Professeurs choisis dans l'Université nous évitent l'éloge que l'on pourrait faire de cette publication.*

*Ces Cours terminés seront immédiatement suivis d'autres Cours : à l'Allemand succédera l'*__Espagnol,__ *à l'Anglais succédera l'*__Italien,__ *à la Comptabilité succédera la* **Bourse,** *etc., etc.*

LES ÉDITEURS

UN NUMÉRO TOUTES LES SEMAINES

50 CENTIMES

Maisons-Laffitte. — Imprimerie J. Lecotte.

L'ÉDUCATION

Faire une œuvre utile à tous : jeunes gens qui se destinent au Commerce, à l'Industrie, à l'Armée, etc.; adultes, appelés, soit pour les transactions internationales, à avoir besoin des langues étrangères; soit, pour leurs maisons, à avoir à vérifier leurs livres de comptabilité; tel à été le but de cette publication.

Nous avons commencé par les Cours les plus utiles : *l'*__Anglais,__ *l'*__Allemand,__ *la* **Comptabilité** *et l'*__Arithmétique.__ *Les noms des Professeurs choisis dans l'Université nous évitent l'éloge que l'on pourrait faire de cette publication.*

*Ces Cours terminés seront immédiatement suivis d'autres Cours : à l'Allemand succédera l'*__Espagnol,__ *à l'Anglais succédera l'*__Italien,__ *à la Comptabilité succédera la* **Bourse,** *etc., etc.*

LES ÉDITEURS

UN NUMÉRO TOUTES LES SEMAINES

50 CENTIMES

Maisons-Laffitte. — Imprimerie J. Lecomte

www.ingramcontent.com/pod-product-compliance
Ingram Content Group UK Ltd.
Pitfield, Milton Keynes, MK11 3LW, UK
UKHW020454200726
13857UKWH00002B/705

9 782012 884014